本书为国家社科基金一般项目（批准号19BKG022）成果

吉林大学考古学院"双一流"学科建设经费资助出版

Эта книга является результатом проектной деятельности
Национального Фонда Обществознания (19BKG022)
при поддержке «Двойной первый класс» Иниститута Археологии
Цзилинского Университета

This book is the general project achievement of National Social Science
Fund (19BKG022)
Supported by "Double-First Class" Discipline Construct Funs of
School of Archaeology, Jilin University

米努辛斯克博物馆
青铜器集萃

Сокровища бронзовых изделий Минусинского регионального краеведческого музея им. Н. М. Мартьянова
Treasures among the Minusinsk Museum Bronzes

 编著

中国吉林大学考古学院
俄罗斯米努辛斯克博物馆

Институт археологии Цзилиньского университета-Китай
Минусинский региональный краеведческий музей
им. Н.М. Мартьянова-Россия

School of Archaeology, Jilin University, P.R. China
Minusinsk Local Lore Museum of N. M. Martyanov, Russia

文物出版社

图书在版编目（CIP）数据

米努辛斯克博物馆青铜器集萃：汉、俄、英 / 中国
吉林大学考古学院, 俄罗斯米努辛斯克博物馆编著. --
北京：文物出版社, 2021.6
　ISBN 978-7-5010-6580-6

　Ⅰ.①米… Ⅱ.①中… ②俄… Ⅲ.①青铜器（考古）
—介绍—俄罗斯—汉、俄、英 Ⅳ.①K885.126.41

　中国版本图书馆CIP数据核字（2021）第075703号

米努辛斯克博物馆青铜器集萃

编　　著：中国吉林大学考古学院
　　　　　俄罗斯米努辛斯克博物馆

装帧设计：李　红
责任编辑：杨新改
责任校对：李　薇
责任印制：苏　林

出版发行：文物出版社
社　　址：北京市东直门内北小街2号楼
邮　　编：100007
网　　址：http://www.wenwu.com
经　　销：新华书店
印　　刷：天津图文方嘉印刷有限公司
开　　本：889mm×1194mm　1/16
印　　张：19
版　　次：2021年6月第1版
印　　次：2021年6月第1次印刷
书　　号：ISBN 978-7-5010-6580-6
定　　价：480.00元

主编

杨建华　S.A. 博丽莎娃

副主编

邵会秋　权乾坤　V.A. 孔诺霍夫

摄影

林雪川

Главный редактор

Ян Цзяньхуа

Борисова Светлана Анатольевна

Заместитель главного редактора

Шао Хуэйцю

Цюань Цянькунь

Конохов Владимир Андреевич

Фотограф

Линь Сюечуань

Editors in Chief

Jianhua Yang

Borisova Svetlana Anatolyevna

Associate editors

Huiqiu Shao

Qiankun Quan

Konokhov Vladimir Andreevich

Photographer

Xuechuan Lin

目　录
СОДЕРЖАНИЕ
CONTENTS

前　言

米努辛斯克盆地，对于从事西伯利亚草原考古的人来说，是一块考古的"圣地"。在这里很早就建立起整个青铜器时代到铁器时代考古的标尺。中国考古学者是从吉谢列夫的《南西伯利亚古代史》了解到这个序列的。作为中国考古学者，我们吉林大学考古学院的欧亚草原考古团队能够与米努辛斯克地区地方志博物馆（以 N.M. 马勒加诺夫 N.M. Martyanov 命名，以下简称为米努辛斯克博物馆）联合出版米努辛斯克博物馆的青铜器图录，是非常荣幸的。

位于叶尼塞河中游的米努辛斯克盆地，由南西伯利亚众山地围绕，坐落于库兹涅茨基阿尔泰、西萨彦和东萨彦山之间，海拔 200 — 700 米。地势起伏，范围约 300 千米 × 150 千米。在这样窄小的地区却有着山地和草原等不同地貌。这一地区属于典型的大陆性气候，晴天超过 300 天，降雨和降雪量较少，中部降雨量 240 — 270 毫米，山地 450 — 500 毫米。季风大，山上没有积雪，因此这里可以全年放牧。夏天在河边水草丰美的地方，冬天在山坡附近，不需要冬、夏季长途跋涉。叶尼塞河及其支流阿巴坎河、图巴河等流域有大量的湖泊，渔猎经济发达，这在奥库涅夫文化中表现得非常明显。靠北的森林草原地区还可以从事狩猎经济，作为畜牧业的补充。这里有铁、煤、铜、铝、金等多种矿藏资源，森林和矿石为发达的金属冶炼提供了物质基础。这个盆地对于广袤的欧亚草原是一个相对独立的地理单元，不像草原那样易于遭受外界的侵袭。

正是在这样的地理气候环境下，米努辛斯克盆地古代的先民过着比较稳定的相对富足的生活，创造了发达的青铜文化，地面上保留了近千处的大型墓冢（库尔干），通过考古发掘和调查，发现了大量的青铜器。

米努辛斯克盆地的考古工作开始于 18 世纪上半叶。科学考古则始于 20 世纪初，捷普劳霍夫通过在叶尼塞河边的连续发掘，建立了米努辛斯克盆地初步的青铜时代到早期铁器时代的年代序列。20 世纪上半叶，吉谢列夫的《南西伯利亚古代史》，补充了已有的年代序列，并试图解读和复原当时的生业。50 — 60 年代，叶尼塞河水电站的修建，开始了近十年的基建考古，发掘了大量的遗址。对于这些资料的整理，产生了以格里亚兹诺夫为代表的研究成果，80 年代则是以瓦杰斯卡雅为代表。21 世纪以来的研究以帕克列夫为代表（图一），各期的绝对年代，主要参考了放射性碳 –14 数据（图二）[1]。

阿凡纳谢沃文化年代集中在公元前 2900 — 前 2500 年；奥库涅夫文化为公元前 2600 — 前 1700 年；安德罗诺沃文化为公元前 1700 — 前 1400 年；卡拉苏克文化为公元前 1400 — 前 900 年；塔加尔文化为公元前 900 — 前 300 年；后塔加尔文化时代为公元前后的几百年。碳 –14 年代只代表一个年代范围，一个考古学文化不一定会有那么大的时间跨度，而且同一文化不同时期的分布也不尽相同。

米努辛斯克盆地的文化序列完整，保存了多维度的青铜器文化，研究成果也非常丰富，比之图瓦、贝加尔地区和蒙古高原等都要完整和完善得多，研究西伯利亚乃至整个欧亚草原都要与它进行比较。这个考古学文化序列的另一个重要性，反映了欧亚草原东西方的文化交往，这里是连接东西方的交汇点。从考古学文化和青铜器，并结合最新的 DNA 研究可以发现，最早的阿凡纳谢沃文化与来自欧洲的颜那亚文化相似，应该与西来的青铜文化有关。奥库涅夫文化是本土文化。安德罗诺沃文化的发源地

---

[1]　V. Poliakov, I. P. Lazaretov. Current state of the chronology for the palaeometal period of the Minusinsk basins in southern Siberia. *Journal of Archaeological Science*: Reports. Volume 29, February 2020.

捷普劳霍夫 S.A. 1920s	格里亚兹诺夫 M.P. 1970s		近年来的文化序列 2000–2010s			
米努辛斯克土丘文化一期	波德戈尔诺沃期 塔加尔文化		波德戈尔诺沃期 塔加尔文化			
	巴伊诺沃期 塔加尔文化		青铜时代晚期	IV期		B
						A
				III期		C
卡拉苏克文化	卡拉苏克文化	石峡期				B
						A
		卡拉苏克期		II期		
				I期		B
						A
安德罗诺沃文化	安德罗诺沃文化 费德罗沃阶段		安德罗诺沃（费德罗沃）文化			
	奥库涅夫文化		奥库涅夫文化	拉兹利夫期		
				切尔诺夫期		
				维巴特期		
阿凡纳谢沃文化	阿凡纳谢沃文化		阿凡纳谢沃文化			
新石器时代	新石器时代		新石器时代			

图一　对叶尼塞河中游铜石并用时代至青铜时代相对年代划分的变化

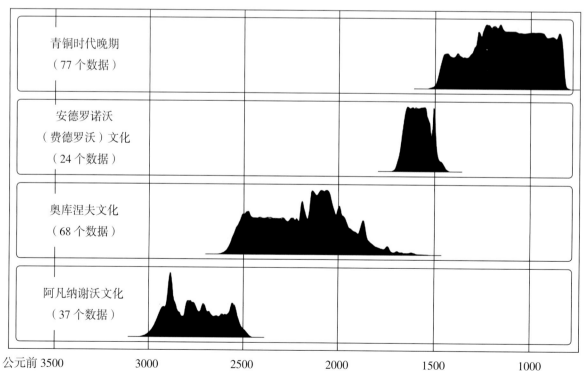

图二　米努辛斯克盆地诸考古学文化的碳 −14 数据

在哈萨克斯坦，中国新疆与米努辛斯克盆地都是安德罗诺沃文化扩张的产物。卡拉苏克文化的出现虽然承袭了安德罗诺沃文化的因素，但是在发展过程中南来的因素在不断增强，与蒙古高原和中国长城地带的北方青铜器非常相近，很可能从这个时期开始这些地区的人们已经有人群之间的直接接触。塔加尔文化对蒙古和中国北方的影响很大，青铜短剑和鹤嘴斧等兵器迅速在草原和中国北方流传，对中国北方的游牧化和武士贵族的出现起到了助推作用。中国北方出现的胡服骑射的带饰也迅速回传到欧亚草原和米努辛斯克盆地，之后的中国北方又与更西的阿尔泰和天山七河地区建立文化交往。在草原交往的基础上丝绸之路逐渐形成。

米努辛斯克青铜器中的许多精品在不同的图录中都有刊布，但是研究青铜器不能只看精品。以鹤嘴斧为例，早期的非常厚重精良，晚期变得轻薄粗糙。以往的图录中不见这些晚期器物，这样就无法全面掌握这个地区鹤嘴斧的完整发展过程。

米努辛斯克博物馆，是西伯利亚最古老的博物馆之一，创办于 1877 年。一直以来，米努辛斯克博物馆以丰富多彩的馆藏文物，尤其是数量众多的青铜时代和早期铁器时代青铜器而享有极高的国际声誉。这里的青铜器藏品基本代表了米努辛斯克盆地青铜器的全貌。选择收录的青铜器出于三点考虑，首先在大量的征集品中选取展品中保存较好的器物，并在全面分析整理的基础上收录各种有代表性的器物；其次，所有完整的发掘品我们都收录；最后，有组合关系的青铜器，即使残损我们也全部收录，以提供尽可能多的青铜器出土环境（context）的信息。

本图录由吉林大学考古学院和米努辛斯克博物馆共同编纂，杨建华教授负责图录的总体策划和前言的撰写，邵会秋教授负责器物的挑选和具体编排

工作，米努辛斯克博物馆馆长博丽莎娃负责统筹协调俄方工作，孔诺霍夫提供全部青铜器的文字说明，并协助器物拍照，林雪川副研究员负责器物的拍摄和图版的制作工作，权乾坤博士负责图录中俄文的互译和文字的整理工作，苏蓓和张文珊负责英文翻译。

本图录是按照米努辛斯克博物馆陈列的顺序，分阿凡纳谢沃、奥库涅夫、安德罗诺沃、卡拉苏克、塔加尔和后塔加尔文化六个部分进行展示。采用中、俄、英三种语言文字说明，图录整体分为两大部分，第一部分是各文化器物的图片，第二部分是对应的器物相关信息的文字介绍。在文字说明中，按照器名、质地、制法、尺寸（有的有重量）、发现点、入馆时间与方式和编号的顺序来介绍。博物馆的文字说明中没有具体器物形态的描述，我们认为照片已经详尽地反映了这方面的信息。为了图版和文字说明对应的便利，全书统一编号。需要说明的是，首先器物录入时，是按照当时的行政区划进行登记的，为了读者查找方便，我们按照现在的行政区划进行重新登记，即原来登记的"叶尼塞行省"变成了"克拉斯诺亚尔斯克边疆区"，"米努辛斯克县"改为"米努辛斯克地区"，地区下面的区和村的名称没有改动；其二，尽管米努辛斯克盆地的考古学文化和断代研究有很多新的进展，但是器物的考古学文化归属我们仍然保留了博物馆当时的定名，在这里不做更多的讨论；其三，由于时代的局限，个别器物的考古学文化归属和年代断定有值得商榷的地方，但是本图录以发表资料为主，在这里不做深入的讨论，因此还是采用了博物馆当时的结论。

米努辛斯克考古研究的发展过程显示，人们的认识随着不断的新发现和新的研究方法的运用，在不断地变化和进步，但是原始资料不会变，这就是本图录的意义所在。

ПРЕДИСЛОВИЕ

Для археологов, изучающих степную зону Сибири, Минусинская котловина является «священным» местом. Шкала периодизации бронзового и железного веков этой местности существует уже давно. О ней китайские археологи узнали из работы С. В. Киселева «Древняя история Южной Сибири». Мы — команда археологов-исследователей Евразийской степи Института археологии Цзилиньского университета, и для нас большая честь выпустить каталог бронзовых изделий совместно с Минусинским региональным краеведческим музеем им. Н. М. Мартьянова (далее — Минусинский музей).

Расположенная в среднем течении реки Енисей, Минусинская котловина представляет собой обширную межгорную впадину в горах Южной Сибири, между Кузнецким Алатау, Западным Саяном и Восточным Саяном. Рельеф - от слабохолмистого до среднегорного, по долинам крупных рек - равнинный. Высота над уровнем моря от 200 до 700 м. Котловина находится в зоне континентального климата. Количество солнечных дней в году — более 300, осадков выпадает относительно немного: в центральной части около 240–270 мм и 450–500 мм в горной местности. Здесь можно круглый год пасти скот, так как в горах нет снега и дуют сильные ветра. Также нет необходимости перемещаться на большие расстояния: летом пасти скот можно на тучных пастбищах вдоль рек, а зимой - возле горных склонов. В бассейне реки Енисей, а также ее притоков - рек Абакан и Туба, находится много озер, развито рыболовное и охотничье хозяйство, что заметно отразилось в окуневской культуре. Жители северных лесостепных районов, помимо животноводства, могли заниматься охотой. Здесь есть много полезных ископаемых, таких как железо, уголь, медь, алюми-

ний и золото. Леса и руда обеспечивают материальную базу для высокотехнологичной плавки металла. По сравнению с другими обширными степями Евразии Минусинская котловина — это самостоятельная географическая единица, поэтому она не так легко подвергается воздействию внешней среды.

Именно в такой географической и климатической среде древние жители Минусинской котловины вели относительно стабильную и благополучную жизнь, создали развитую бронзовую культуру и оставили после себя тысячи памятников археологии, таких как курганы, поселения, горные выработки и др. Благодаря археологическим раскопкам и исследованиям были получены представительные коллекции бронзовых изделий. Также большое количество бронзовых предметов были обнаружены и переданы в музей в качестве случайных находок в результате хозяйственного освоения территории в XIX – XX вв.

Археологические работы в Минусинской котловине начались в первой половине XVIII века. Теоретическая же археология зародилась в начале XX века, когда С. А. Теплоухов создал классификацию археологических культур от начала бронзового до раннего железного веков, после непрерывных раскопок вдоль берегов Енисея. В первой половине XX века Киселев в работе «Древняя история Южной Сибири» дополнил существующую классификацию, а также попытался восстановить картину жизни того времени. В 1950–1960 годы при строительстве ГЭС на Енисее началось десятилетие археологических изысканий, в результате которых обнаружили большое количество археологических памятников. Последующей систематизацией всех материалов занимался М. П. Грязнов - он был одним из первых. В 80-х годах прошлого века над этим работала

Э. Б. Вадецкая, а в нашем веке - А. В. Поляков (рис. 1). Абсолютный возраст каждого периода определяется главным образом данными радиоуглеродного датирования (рис. 2)[1].

Афанасьевская культура (2900–2500 годы до н. э.). Окуневская культура (2600–1700 годы до н. э.). Андроновская культура (1700–1400 годы до н. э.). Карасукская культура (1400–900 годы до н. э.). Тагарская культура (900–300 годы до н. э.). В позднем периоде тагарской культуры выделяют посттагарскую эпоху, которая составляет несколько сотен лет нашей эры и до нее. Радиоуглеродное датирование определяет лишь границы хронологического диапазона. Продолжительность археологической культуры может быть небольшой, и к тому же ее распределение в разные периоды неодинаково.

Закончилась последовательность археологических культур Минусинской котловины, сохранивших богатую культуру бронзового века. В нашем исследовании мы получили более существенные результаты по сравнению с исследованием Тувы, Байкала и Монгольского плато, с которым мы и должны проводить сравнение Сибири и всех степей Евразии.

Еще одна важная особенность этой последовательности археологических культур состоит в том, что она отражает культурный обмен между Востоком и Западом в Евразийской степи, так как Минусинская котловина является местом слияния двух культур. Анализ археологических культур и бронзовых изделий в сочетании с современными исследованиями ДНК показали, что ранняя афанасьевская культура схожа с европейской ямной и, должно быть, связана с бронзовой культурой Запада. Окуневская — это местная культура. Родина андроновской культуры находится в Казахстане, а Синьцзян в Китае и Минусинская котловина появились в ре-

① V. Poliakov, I. P. Lazaretov. Current state of the chronology for the palaeometal period of the Minusinsk basins in southern Siberia.*Journal of Archaeological Science*: Reports.Volume 29, February 2020.

зультате ее расширения. Карасукская культура поначалу тоже унаследовала элементы андроновской культуры, но в процессе развития в ней непрерывно усиливались черты центрально- и южнокитайских культур: бронзовые изделия карасукской культуры очень схожи с бронзой северной части Монгольского плато и Великой Китайской стены. Вполне вероятно, что в начале этого периода жители этих регионов уже имели прямой контакт с жителями других земель. Тагарская культура оказала большое влияние на Монголию и север Китая. Такое оружие как бронзовые кинжалы и чеканы быстро распространилось в степи и на севере Китая, что привело к номадизации и появлению воинской знати. Поясные накладки, появившиеся во времена военной реформы У Лин-вана в Северном Китае, так же быстро распространились в Евразийской степи и Минусинской котловине. Позднее Северный Китай начал культурный обмен еще и с более западными районами Алтая и Семиречьем в горах Тянь-Шань. Такие отношения между жителями степей закладывали Великий шелковый путь.

Множество прекрасных изделий эпохи поздней бронзы Минусинской котловины опубликовано в каталогах. Однако при изучении бронзовых находок не стоит обращать внимание только на лучшие из них. Возьмем в качестве примера чеканы. Первоначально их делали массивными, они обладали высоким качеством изготовления, позже произошло упрощение инструментария, чеканы стали более легкими и примитивными. Эти артефакты не встретишь в старых каталогах, а потому невозможно полностью проследить весь процесс развития чекана в данной местности.

Минусинский краеведческий музей им. Н. М. Мартьянова — один из старейших музеев Сибири, — основан в 1877 году. Этот музей славится за рубежом благодаря своему огромному собранию памятников культуры, а в особенности многочисленным изделиям эпохи бронзы и раннего железного

Теплоухов С.А.1920-е годы	Грязнов М.П. 1970-е годы		Современная хронология 2000-е годы		
I этап Минусинской курганной культуры	подгорновский этап тагарской культуры		подгорновский этап тагарской культуры		
	баиновский этап тагарской культуры		Эпоха поздней бронзы	IV этап	Б
					А
				III этап	В
Карасукская культура	Карасукская культура	каменноложский этап			Б
					А
		«классический» (карасукский) этап		II этап	
				I этап	Б
					А
Андроновская культура	Андроновская культура федоровский этап		Андроновская (федоровская) культура		
	Окуневская культура		Окуневская культура	Разливский этап	
				Черновский этап	
				Уйбатский этап	
Афанасьевская культура	Афанасьевская культура		Афанасьевская культура		
неолит	неолит		неолит		

Рис. 1   Изменения в относительной хронологии от эпохи позднего неолита до бронзового века в области среднего течения Енисея

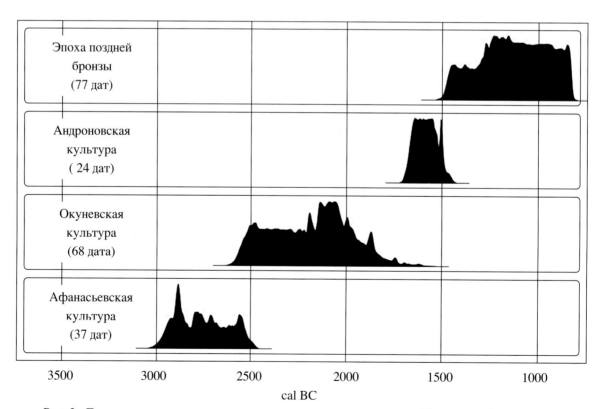

Рис. 2   Данные радиоуглеродного анализа археологических культур Минусинской котловины

века. Коллекция экспонатов здесь представляет собой общую картину развития бронзы в Минусинской котловине. Изделия отбирались по трем критериям. Во-первых, сохранность и репрезентативность. Во-вторых, отсутствие физических изъянов. В-третьих, наличие повреждений — такие изделия нужны, чтобы предоставить как можно больше информации о контексте раскопанных бронз.

Каталог составлен Институтом археологии Цзилиньского университета совместно с Минусинским краеведческим музеем им. Н. М. Мартьянова. Профессор Ян Цзяньхуа ответственен за общее планирование каталога, а также за введение. Профессор Шао Хуэйцю — за выбор и конкретное расположение артефактов. Директор Минусинского музея С. А. Борисова отвечала за координацию работы российской стороны. Старший научный сотрудник музея Владимир Конохов предоставил текстовые описания всех бронзовых изделий, а также помог в их фотосъемке. Ассоциированный исследователь Линь Сюэчуань ответственен за фотосъемку изделий и создание типографских клише. Цюань Цянькунь ответственен за русско-китайский перевод каталога и за организацию текста. Кандидат исторических наук Ребекка О’Салливан и Чжан Вэньшань ответственны за перевод каталога на английский язык.

Данный каталог разделен на шесть частей: афанасьевская, окуневская, андроновская, карасукская, тагарская культура и посттагарская эпоха. Иллюстрированный на китайском, русском и английском языках каталог разделен на две части: первая представляет собой изображение каждого артефакта, а вторая - его текстовое описание. Информация о находке указывается в следующем порядке: наименование, материал, способ изготовления, размеры (для ряда предметов указан вес), место находки, дата поступления в музей, описание предмета и его порядковый номер. В описании не представлены подробные характеристики формы находки, так как мы считаем, что фотографии в полной мере это отражают. Вся книга пронумерована для удобной навигации между изображениями и текстом. Следует отметить, что изначально каталог был составлен на основе административного деления того времени. Для удобства читателя мы поменяли названия всех территорий на актуальные: например, Енисейская губерния в нашем каталоге изменена на Красноярский край, Минусинский уезд - на Минусинский район. Названия же районов и деревень внутри региона остались без изменений. Во-вторых, несмотря на то, что исследования археологических культур Минусинской котловины и их датировка уже далеко продвинулись, мы решили сохранить принадлежность находок к культурам, определенным музеем на момент поступления. В-третьих, из-за того, что мы ограничены нашей эпохой, вопрос принадлежности отдельных находок к определённой культуре и археологическому периоду всё ещё открыт для обсуждения. Однако в данном каталоге мы основывались главным образом на уже опубликованных материалах, поэтому использовали заключения музея того времени.

Способы и методы археологических исследований Минусинской котловины постоянно меняются и прогрессируют, но это не влияет на исходные данные - в этом и заключается смысл нашего каталога.

Preface

For those concerned with the archaeology of the Siberian steppe, the Minusinsk Basin is something of an archaeological "holy land". Early on, the chronological standard for the entirety of Bronze Age and Iron Age archaeology was founded here. Chinese archaeologists learnt of this sequence through S.V. Kiselev's *Ancient History of Southern Siberia*. As Chinese archaeologists, we are honoured that the Eurasian Steppe Archaeology Team of the School of Archaeology at Jilin University are able to collaborate with the Minusinsk Local Lore Museum of N. M. Martyanov (hereafter Minusinsk Museum) to publish a catalogue of their bronzes.

The Minusinsk Basin lies along the middle reaches of the Yenisei River. Tuva and Mongolia border the region in the south, the Eastern Sayan range covers the basin's east, and the city of Krasnoyarsk sits in its northern part. The basin is only partly enclosed by mountains, and the topography can be described as undulating. It is situated at 200–700 m above sea level and covers an area of approximately 300 by 150 km. In this small region, however, there are mountains, grasslands, and other varied landforms. The basin has a typical continental climate: the region sees an average of 300 clear days, and both rainfall and snowfall are relatively low, with the central part seeing 240–270 mm of rain and the mountains 450–500 mm. Due to the influence of the monsoon climate, snow does not accumulate on the hill during winter, so herding is a year-round activity. In summer, herders go to the river where water plants are abundant, and in winter they stay near the mountain slopes — there is no need for a long and difficult trek in either winter or summer.

There are numerous lakes along the Yenisei River, as well as its tributaries, the Abakan and Tuba. Here, fishing and hunting economies were well-developed, a feature that manifests most clearly in Okunev culture remains. In the forest-steppe region to the north, it was also possible to hunt to complement animal husbandry. This area has iron, coal, copper, aluminium, gold, and other mineral resources, with the forest and local ores providing a strong foundation that facilitated developed metal-smelting industry in the Bronze and Iron age. Within the vast Eurasian Steppe, this basin was a relatively independent geographical unit unlike other parts of the steppe that were susceptible to attack by outsiders.

It was precisely in this kind of geographical environment that the ancient people of the Minusinsk Basin passed comparatively stable and plentiful days, creating a developed bronze culture. Close to one thousand large tomb mounds (kurgans) are preserved at ground level, and, through archaeological excavation and survey, large quantities of bronze objects have been discovered.

Archaeological work in the Minusinsk Basin began in the first half of the eighteenth century. Archaeological science came into use later in the early twentieth century. Through consecutive excavations on the banks of the Yenisei River, S.A. Teploukhov established an initial chronological sequence for the Bronze Age to early Iron Age. In the first half of the twentieth century, Kiselev's *Ancient History of Southern Siberia* supplemented the existing chronology, attempting to decipher and reconstruct subsistence strategies of the period. In the 1950s to 1960s, the construction of the Yenisei Hydro-electric Power Plant stimulated close to 10 years of rescue archaeology, during which a large number of sites were excavated. Regarding post-excavation analyses of these materials, representative research achievements include those by M.P. Gryaznov, with E.B. Vadetskaya contributing further in the 1980s. Since the turn of the current century, the work of A.V. Poliakov is most representative (Fig.1), and the absolute chronology for each period, based predominantly on radiocarbon data (Fig.2)[1].

The dates for the Afanasievo culture cluster around 2900–2500 BCE; the Okunev culture is 2600–1700 BCE; the Andronovo culture is 1700–1400 BCE; the Karasuk culture is 1400–900 BCE; and the Tagar culture is 900–300 BCE. Post-Tagar period dates to a few hundred years either before or after the start of the common era. Radiocarbon dates only reflect one chronological range: one archaeological culture did not necessarily span such a large temporal period. Moreover, the distribution of the same culture in different periods will not have been completely identical.

The cultural sequence for the Minusinsk Basin has been completed, a multi-dimensional bronze culture has been preserved, and research achievements have also been extremely plentiful. By contrast, the sequences for Tuva, Baikal, and the Mongolian Plateau all require completion and much improvement — researching Siberia and even the entire Eurasian Steppe requires comparison with the Minusinsk Basin.

Another important aspect of this archaeological sequence is that it reflects cultural interaction between the eastern and western Eurasian Steppe — the Minusinsk Basin was a confluence that linked the east and west. From the archaeological cultures and bronzes, combined with DNA research, it can be seen that the earliest Afanasievo culture was similar to the Yamnaya culture from Europe, and it probably relates to bronze cultures from the west. The Okunev were a local culture. The origin of the Andronovo culture was in Kazakhstan, and both Xinjiang and the Minusinsk

Basin were products of the Andronovo expansion. The Karasuk culture inherited features of the Andronovo culture, but features from the south increased continuously as the Karasuk developed, with the bronzes in the Minusinsk of this period very similar to those from the Mongolian Plateau and the part of China north of the Great Wall. It is very possible that people in the Minusinsk Basin already had direct contact with these other groups from this period onwards.

The influence of the Tagar culture on Mongolia and northern China was great, with bronze weapons such as short swords and battle picks ("crane-beak axes" in Chinese) rapidly circulating, which had the effect of stimulating the appearance of nomadic culture and warrior nobles. The belt ornaments that appeared as part of apparel in northern China also travelled quickly to the Eurasian Steppe and Minusinsk Basin, after which northern China also established cultural relations with the Altai Mountains and the Semirechye (Zhetysu) region of the Tianshan further to the west. On the foundations of these steppe interactions, the Silk Road gradually took shape.

Many of the good quality objects from amongst the Minusinsk bronzes have been published in different catalogues, but research cannot rely solely on the finest works. Taking battle picks as an example, the early versions are extremely heavy and of high quality, whereas later ones became lighter and cruder. These later objects have not been included in previous catalogues, meaning that the entire development of battle picks in this region cannot be fully understood.

The Minusinsk Museum is one of Siberia's oldest museums, being founded in 1877. Since then, the museum has enjoyed an impressive international reputation for its rich and varied collections, particularly the numerous bronzes dating to the Bronze and early Iron ages. The objects in this collection present a complete picture of bronzes from the Minusinsk Basin. The selection of bronzes included stemmed from three considerations. Firstly, from amongst the huge number

---

[1] V. Poliakov, I. P. Lazaretov. Current state of the chronology for the palaeometal period of the Minusinsk basins in southern Siberia.*Journal of Archaeological Science*: Reports.Volume 29, February 2020.

Teploukhov S.A.1920s	Gryaznov M.P.1970s			Modern chronology 2000–2010s			
1 Stage Minusinsk Mound Culture	Podgornov Stage Tagar Culture			Podgornov Stage Tagar Culture			
	Bainov Stage Tagar Culture			Late Bronze Age	IV Stage		B
							A
					III Stage	C	
Karasuk Culture	Karasuk Culture	Kamenniy Log Stage				B	
						A	
		Karasuk (classical) Stage			II Stage		
					I Stage		B
							A
Andronov Culture	Andronov Culture Fedorov Stage			Andronov (Fedorov) Culture			
	Okunev Culture			Okunev Culture	Razliv Stage		
					Chernovaya Stage		
					Uibat Stage		
Afanasievo Culture	Afanasievo Culture			Afanasievo Culture			
Neolithic	Neolithic			Neolithic			

Fig.1   The relative chronology of the Eneolithic and Bronze Age cultures of the Middle Yenisei Region at different stages of its development

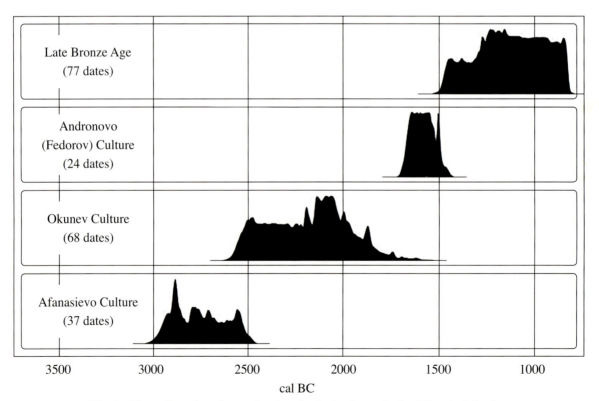

Fig. 2   The radiocarbon dates of archaeological cultures in the Minusinsk basins

of items in the collection, exhibits that are relatively well preserved were selected, and those that are representative of particular types were included after collation and thorough analyses. Secondly, we included all complete objects acquired through excavation. Finally, bronzes that form part of a set, even if they are damaged, are included, in order to provide contextual information for as many bronzes as possible.

This book is jointly compiled by the School of Archaeology of Jilin University and the Minusinsk Museum. Professor Jianhua Yang brought about the overall catalogue and composed the foreword. Professor Huiqiu Shao selected the objects to be featured and was in charge of the layout. Curator of the Minusinsk Museum Borisova Svetlana Anatolyevna was in charge of the project as a whole and the coordination of work on the Russian side. Vladimir Konokhov provided the textual explanations for all of the bronzes, and he also assisted in photographing the objects. Associate researcher Xuechuan Lin was responsible for object photography and the production of the plates. Dr Qiankun Quan translated between Chinese and Russian, in addition to sorting out the characters. Dr Rebecca O'Sullivan and doctoral candidate Wenshan Zhang were responsible for the English translation.

This book divides the objects for presentation according to the sequence used in the exhibits of the Minusinsk Museum, separating them into six groups: Afanasievo, Okunev, Andronovo, Karasuk, Tagar and post-Tagar. Providing object descriptions in three languages — Chinese, Russian, and English — the entire catalogue is divided into two parts. The first part includes images of each artefact, and the second part the textual overview of the corresponding object. In the textual description, each object is introduced according to its name, characteristics, manufacturing technique, dimensions (in some cases including weight), findspot, acquisition date and method, and museum number. The museum's textual descriptions do not include concrete characterisations of the objects' forms, but we consider the photographs to adequately reflect this information.

To facilitate the correspondence between the plates and their textual descriptions, the entire volume uses unified accession numbers. Several things to note include that, firstly, when the objects were initially catalogued, they were registered under the administrative divisions of the time. To expedite the reader being able to find the appropriate record, we have re-recorded each object using the administrative divisions in use today, meaning that "Yeniseysk Governorate" has been changed to "Krasnoyarsk krai" and "Minusinsk uyezd" to "Minusinsk District". The names of regions and villages below the level of district have not been changed. Secondly, although much progress has been made with respect to the study of archaeological cultures and periodisation in the Minusinsk Basin, we maintain the museum's original names for each object's archaeological cultural affiliation, and no further discussion is conducted. Thirdly, the archaeological culture and periodisation of each object are worthy of discussion, but due to time constraints, this volume is concerned primarily with the publication of materials. There is thus no in-depth discussion of these factors, and the volume relies on the museum's preliminary conclusions.

The development of research on the Minusinsk Basin's archaeology shows that people's knowledge changes and improves continuously alongside the constant use of new finds and research methods. However, the original material does not change — this is where the significance of the present catalogue lies.

第一部分

图 版

ПЕРВАЯ ЧАСТЬ ИЛЛЮСТРАЦИЯ

PART I PLATE

1

壹　阿凡纳谢沃文化

I　Афанасьевская культура

I　Afanasievo Culture

1/刀
Нож
Knife

2/刀
Нож
Knife

3/刀
Нож
Knife

4/饰件

Обоймочка

Ornament

5/骨柄铜锥

Костяная рукоять шила

Awl with bone handle

6/锥

Шило

Awl

2

貳　奥库涅夫文化

II　Окуневская культура

II　Okunev Culture

7/有銎斧

Топор клиновидный

Shaft-hole axe

8／刀
Нож
Knife

9／刀
Нож
Knife

10 / 刀

Нож

Knife

11 / 刀

Нож

Knife

12／刀

Нож

Knife

13／刀

Нож

Knife

14／劍

Кинжал

Dagger

16/锥
Шило
Awl

15/剑
Кинжал
Dagger

18/鱼钩

Крючок рыболовный

Fish hook

17/针筒

Игольник

Needle case

19/鱼钩

Крючок рыболовный

Fish hook

3

叁　安德罗诺沃文化

III　Андроновская культура

III　Andronovo Culture

20/剑

Кинжал

Dagger

21/剑

Кинжал

Dagger

22/剑

Кинжал

Dagger

23／有銎斧

Топор вислообушный

Shaft-hole axe

24/矛头

Наконечник копья

Spearhead

25/矛头

Фрагмент наконечника копья

Spearhead

26／斧

Кельт

Socketed axe

27 /斧

Кельт

Socketed axe

28/镰

Серп

Sickle

29/镰

Нож серповидный

Sickle

31/耳环

Спираль

Earring

30/耳环

Подвеска

Earring

32/耳环

Кольцо

Earring

33/珠饰

Низка бус

String of bronze beads

4

肆　卡拉苏克文化

IV　Карасукская культура

IV　Karasuk Culture

34/剑

Кинжал

Dagger

35 劍

Кинжал

Dagger

36/劍

Кинжал

Dagger

37/剑

Кинжал

Dagger

38/剑

Кинжал

Dagger

39/劍

Кинжал

Dagger

40 管銎啄戈

Чекан

Shaft-hole battle pick

41 管銎啄戈

Чекан

Shaft-hole battle pick

42／矛头

Наконечник копья

Spearhead

43／矛头

Наконечник копья

Spearhead

44／矛头

Наконечник копья

Spearhead

45／矛头

Наконечник копья

Spearhead

46/矛头

Наконечник копья

Spearhead

47/矛头

Наконечник копья

Spearhead

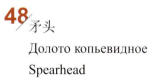

48／矛头

Долото копьевидное

Spearhead

49／剑鞘

Каркас ножен кинжала

Scabbard

50 镞

Наконечник стрелы

Arrowhead

51 镞

Наконечник стрелы

Arrowhead

52 镞

Наконечник стрелы

Arrowhead

53 镞

Наконечник стрелы

Arrowhead

54 镞

Наконечник стрелы

Arrowhead

55 镞

Наконечник стрелы

Arrowhead

56/刀

Нож

Knife

57/刀

Нож

Knife

58/刀

Нож

Knife

59/刀

Нож

Knife

 60 / 刀

Нож

Knife

61/刀

Нож

Knife

62/刀

Нож

Knife

63/刀

Нож

Knife

64/刀

Нож

Knife

65/刀

Нож

Knife

66/刀

Нож

Knife

67/刀

Нож

Knife

68／刀

Нож

Knife

69／刀

Нож

Knife

70／刀

Нож

Knife

71/刀
Нож
Knife

72/刀
Нож
Knife

73/刀
Нож
Knife

74/刀
Нож
Knife

75/刀
Нож
Knife

76/刀
Нож
Knife

77/刀
Нож
Knife

78/刀
Нож
Knife

79/锛

Тесло

Adze

80/锛

Тесло

Adze

81/锛

Тесло клиновидное

Adze

82 / 斧形器

Кельт

Socketed axe

83/斧
Кельт
Socketed axe

84/斧
Кельт
Socketed axe

85/斧

Кельт

Socketed axe

86/斧

Кельт

Socketed axe

87/镰

Серп

Sickle

88/镰

Серп

Sickle

89/镰

Серп

Sickle

90/镰范

Створка формы для отливки серпа

Sickle mould

91/管
Пронизка
Tube

92/管
Пронизка
Tube

93／弓形器

Пряжка колесничего (ПНН)

Bow-shaped object

94 弓形器

Пряжка колесничего (ПНН)

Bow-shaped object

95 弓形器

Пряжка колесничего (ПНН)

Bow-shaped object

96/镜
Зеркало
Mirror

97/镜
Зеркало
Mirror

98/臂钏

Браслет ручной

Bracelet

99/臂钏

Браслет

Bracelet

100／勺形饰

Привеска ложечковидная

Spoon-shaped ornament

101／勺形饰

Привеска ложечковидная

Spoon-shaped ornament

102 蹼形饰
Подвеска
Ornament

103 蹼形饰
Подвеска
Ornament

104 蹼形饰
Подвеска
Ornament

105 蹼形饰
Подвеска
Ornament

106 蹼形饰
Подвеска
Ornament

107 蹼形饰
Подвеска
Ornament

108 蹼形饰
Подвеска
Ornament

109 蹼形饰
Подвеска
Ornament

110 饰牌
Бляшка
Plaque

111 联珠饰
Бляшка
Plaque shaped like linked beads

112 饰牌
Бляшка
Plaque

113 联珠饰
Бляшка
Plaque shaped like linked beads

114/饰牌

Бляшка

Plaque

115/饰牌

Бляшка

Plaque

116/饰牌

Бляшка

Plaque

117 戒指

Перстень

Ring

118 戒指

Перстень

Ring

119 饰牌

Бляшка

Plaque

120 饰牌

Бляшка

Plaque

121／饰牌
Украшение
Plaque

122／胸针
Фибула
Brooch

123／泡
Гвоздик бронзовый
Ornamental boss

124／泡
Гвоздик бронзовый
Ornamental boss

125／泡
Бляшка-пуговица
Ornamental boss

126 耳环

Кольцо височное

Earring

127 耳环

Кольцо

Earring

128 耳环

Браслет

Earring

129 耳环

4 бронзовых спиральных кольца, через одно пропущена бусина

Earring

130／项圈

Гривна

Necklace

131/串饰

Пронизки

String ornament

132/串饰

Бусы

String ornament

133/串饰

Низка бус-пронизок

String ornament

135饰牌
Бляшка
Plaque

134饰牌
Бляшка
Plaque

136饰牌
Бляшка
Plaque

137饰牌
Бляшка
Plaque

138饰牌
Бляшка
Plaque

139饰牌
Бляшка
Plaque

140 耳环

Кольцо височное

Earring

141 针筒

Обломок бронзового шила

Needle case

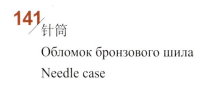

142 耳环

Кольцо височное

Earring

143 串管

Пронизки

String ornament

144 /耳环

Кольцо височное

Earring

145 /蹼形饰

Привеска лапчатая

Ornament

146 /蹼形饰

Привеска лапчатая

Ornament

147 /蹼形饰

Привеска лапчатая

Ornament

148 /泡

Бляшка

Ornamental boss

149 /泡

Бляшка

Ornamental boss

150 / 刀（残）

Нож (фрагмент)

Knife(fragement)

151 / 刀（残）

Нож (фрагмент)

Knife(fragement)

152 / 刀

Нож

Knife

5

伍　塔加尔文化

V　Тагарская культура

V　Tagar Culture

153/镇

Котёл на поддоне

Cauldron with circular foot

154/镇

Котёл на поддоне

Cauldron with circular foot

155 镀

Котёл на поддоне

Cauldron with circular foot

156/镂

Котёл на поддоне

Cauldron with circular foot

157/镄

Котёл на поддоне

Cauldron with circular foot

158/剑

Кинжал

Dagger

159/剑

Кинжал

Dagger

160/剑

Кинжал

Dagger

161/剑

Кинжал

Dagger

162/剑

Кинжал

Dagger

163/剑

Кинжал биметаллический

Dagger

164/剑

Кинжал

Dagger

165／剑

Кинжал

Dagger

166/剑

Кинжал

Dagger

167/剑

Кинжал

Dagger

168/剑

Кинжал

Dagger

169/剑

Кинжал

Dagger

170/剑
Кинжал
Dagger

171/剑
Кинжал
Dagger

172／剑

Кинжал биметаллический
Dagger

173／剑

Кинжал
Dagger

174／剑

Кинжал

Dagger

175／剑

Кинжал

Dagger

176／明剑

Кинжал миниатюрный
Dagger (Funerary object)

177／明剑

Кинжал миниатюрный
Dagger (Funerary object)

178／明剑

Кинжал миниатюрный
Dagger (Funerary object)

179/战斧

Топор боевой

Shaft-hole axe

180/战斧

Топор боевой

Shaft-hole axe

181/战斧

Топор боевой

Shaft-hole axe

182/战斧

Топор боевой

Shaft-hole axe

183 战斧

Топор боевой

Shaft-hole axe

184 战斧

Топор боевой

Shaft-hole axe

185／战斧

Топор боевой

Shaft-hole axe

186/鹤嘴斧

Чекан

Crane-beak axe

187/鹤嘴斧

Чекан

Crane-beak axe

188/鹤嘴斧

Чекан

Crane-beak axe

189/鹤嘴斧

Чекан

Crane-beak axe

190 鹤嘴斧
Чекан
Crane-beak axe

191 鹤嘴斧
Чекан
Crane-beak axe

192/鹤嘴斧

Чекан

Crane-beak axe

193/战斧

Топор боевой

Crane-beak axe

194/鹤嘴斧

Чекан

Crane-beak axe

195/镦

Вток

Cap for the butt of a spear shaft

196/镦

Вток

Cap for the butt of a spear shaft

197/鹤嘴斧

Чекан

Crane-beak axe

198/鹤嘴斧

Чекан

Crane-beak axe

199 明鹤嘴斧

Чекан миниатюрный

Crane-beak axe (Funerary object)

200 明鹤嘴斧

Чекан миниатюрный

Crane-beak axe (Funerary object)

201 明鹤嘴斧

Чекан миниатюрный

Crane-beak axe (Funerary object)

202 矛

Наконечник копья
Spearhead

203 矛

Наконечник копья
Spearhead

204／矛

Наконечник копья
Spearhead

205／明弓

Подвеска в виде лука

Bow (Funerary object)

206／明弓

Подвеска в виде лука вгорите

Bow (Funerary object)

207 镞

Наконечник стрелы
Arrowhead

208 镞

Наконечник стрелы
Arrowhead

209 镞

Наконечник стрелы
Arrowhead

210 镞

Наконечник стрелы
Arrowhead

211 镞

Наконечник стрелы
Arrowhead

212 镞

Наконечник стрелы
Arrowhead

213 镞

Наконечник стрелы
Arrowhead

214 镞

Наконечник стрелы
Arrowhead

215 镞

Наконечник стрелы
Arrowhead

216 镞

Наконечник стрелы
Arrowhead

217 镞

Наконечник стрелы
Arrowhead

218 镞

Наконечник стрелы
Arrowhead

219 镞

Наконечник стрелы
Arrowhead

220/刀

Нож

Knife

221/刀

Нож

Knife

222/刀

Нож

Knife

223 / 刀

Нож с вкладышевым шилом

Knife

224 刀

Нож

Knife

225／刀

Нож

Knife

226／刀

Нож

Knife

227／刀

Нож

Knife

228／刀

Нож

Knife

229／刀

Нож

Knife

230／刀

Нож

Knife

231/刀

Нож

Knife

232 / 刀

Нож

Knife

233 / 刀

Нож

Knife

234／刀

Нож

Knife

235／刀

Нож

Knife

236 刀

Нож

Knife

237 刀

Нож

Knife

238／刀

Нож

Knife

239／刀

Нож

Knife

240 / 刀
Нож
Knife

241 / 刀
Нож
Knife

242／刀

Нож

Knife

243／刀

Нож

Knife

244／刀

Нож

Knife

245／刀

Нож

Knife

246／刀

Нож

Knife

247／刀

Нож

Knife

248／刀
Нож
Knife

249／刀
Нож
Knife

250／刀

Нож
Knife

251／刀

Нож
Knife

252／刀

Нож
Knife

253／刀

Нож

Knife

254／刀

Нож

Knife

255／刀

Нож

Knife

256/刀

Нож

Knife

257/刀

Нож

Knife

258／刀

Нож

Knife

259／刀

Нож

Knife

260／刀

Нож

Knife

261／刀

Нож

Knife

262／刀

Нож

Knife

263/刀

Нож

Knife

264/刀

Нож

Knife

265/刀

Нож

Knife

266／刀

Нож

Knife

267／刀

Нож

Knife

268／刀

Нож

Knife

269／刀
Нож
Knife

270／刀
Нож
Knife

271／刀
Нож
Knife

272／刀

Нож

Knife

273／刀

Нож

Knife

274／明刀

Нож миниатюрный

Knife (Funerary object)

275／明刀

Нож миниатюрный

Knife (Funerary object)

276／明刀

Нож миниатюрный

Knife (Funerary object)

277／斧
Кельт
Socketed axe

278／斧
Кельт
Socketed axe

279/斧

Кельт

Socketed axe

280/斧

Кельт

Socketed axe

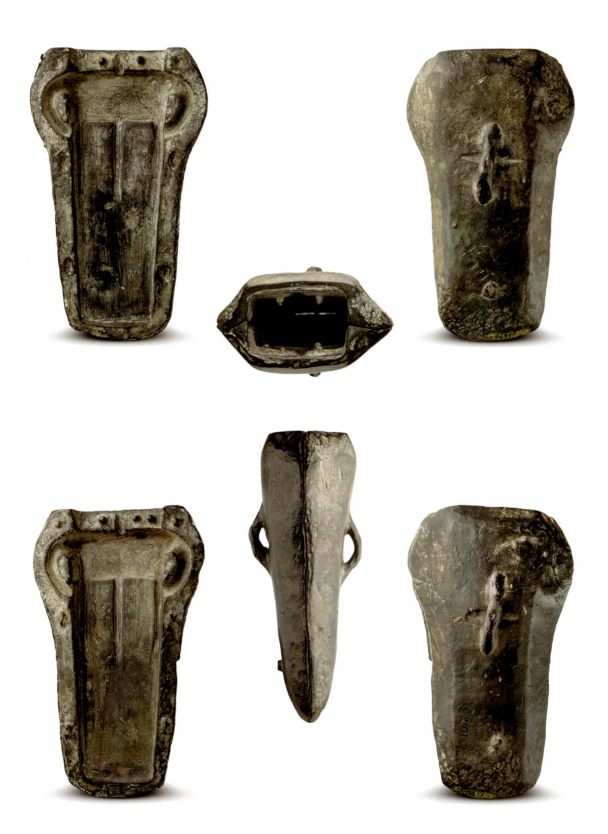

281／斧范

Форма для отливки кельтов

Socketed axe mould

282/锛

Тесло

Adze

283/锛

Тесло

Adze

285/镦

Вток

Cap for the butt of a spear shaft

284/凿

Долото

Socketed chisel

286/镰

Серп

Sickle

287/锯

Пила

Saw

288/钻

Сверло

Drill

289/锥

Шило

Awl

290/锥

Шило

Awl

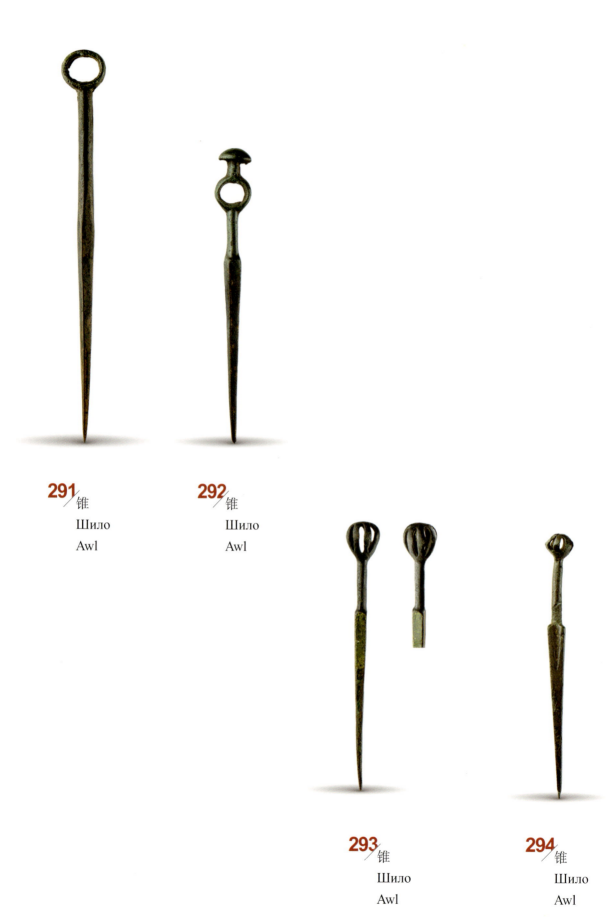

291/锥
Шило
Awl

292/锥
Шило
Awl

293/锥
Шило
Awl

294/锥
Шило
Awl

295/带挂钩

Крючок поясной

Hook-shaped object

296/弓梢部件

Концовка кибити лука

Bow tip

297/构件

Пластина

Bronze component

298/马衔

Удила

Horse bit

299/马衔

Удила

Horse bit

300/马衔

Удила

Horse bit

301/马衔

Удила

Horse bit

302/马衔

Удила

Horse bit

303／马镳

Псалия

Horse cheekpiece

304／马镳

Трензель

Horse cheekpiece

305/马镳

Псалия

Horse cheekpiece

306/马镳

Псалия

Horse cheekpiece

307/马镳

Псалия

Horse cheekpiece

308 带扣

Пряжка

Belt buckle

309 带扣

Пряжка

Belt buckle

310 带扣

Пряжка

Belt buckle

311/节约

Бляшка

Strap guides for a horse bridle

312/烙

Тавро

Brand

313/烙

Тавро

Brand

314/节约

Бляшка сбруйная

Strap guides for a horse bridle

315/杆头饰

Навершие

Staff finial

316/杆头饰

Булава

Staff finial

317/不知名器

Предмет неизвестного назначения

Unidentified object

318／弓形器

Предмет неизвестного назначения двудужный
Bow-shaped object

319／弓形器

Подвеска двудужная
Bow-shaped object

320 饰牌

Бляшка

Plaque

321 饰牌

Бляшка

Plaque

322 饰牌

Бляшка

Plaque

323 饰牌

Бляшка

Plaque

324/饰牌

Застёжка

Plaque

325/饰牌

Бляшка

Plaque

326／泡

Колпачок

Ornamental boss

327／泡

Колпачок

Ornamental boss

328/饰牌
Бляшка
Plaque

329/饰牌
Бляшка
Plaque

330/饰牌
Бляшка
Plaque

331/饰牌
Бляшка
Plaque

332/饰牌

Бляшка

Plaque

333/饰牌

Бляшка

Plaque

334/饰牌

Бляшка

Plaque

335/饰牌

Бляшка

Plaque

186

336 饰牌

Бляшка

Plaque

337/环

Кольцо височное

Ring

338/环

Кольцо височное

Ring

339/臂钏

Браслет

Bracelet

341/镜
Зеркало
Mirror

340/项链
Низка бус
Necklace

342/镜
Зеркало
Mirror

343/镜

Зеркало

Mirror with handle

344镜

Зеркало

Mirror with handle

345/镜

Зеркало

Mirror with handle

346/镜

Зеркало

Mirror with handle

347/镜

Зеркало

Mirror

348/镜

Зеркало

Mirror

349/镜

Зеркало

Mirror

350/镦

Вток

Cap for the butt of a spear shaft

351/鹤嘴斧

Чекан

Crane-beak axe

352/项链

Низка бус

Necklace

353／镞

Наконечник стрелы
Arrowhead

354／镞

Наконечник стрелы
Arrowhead

355／镞

Наконечник стрелы
Arrowhead

356／镞

Наконечник стрелы
Arrowhead

357／镞

Наконечник стрелы
Arrowhead

358／镜

Зеркало
Mirror

359／刀
Нож
Knife

360／刀
Нож
Knife

361／刀
Нож
Knife

362 杆头饰

Навершие

Staff finial

363 杆头饰

Навершие

Staff finial

365/镜

Зеркало

Mirror

364/刀

Нож

Knife

366/鹤嘴斧

Чекан

Crane-beak axe

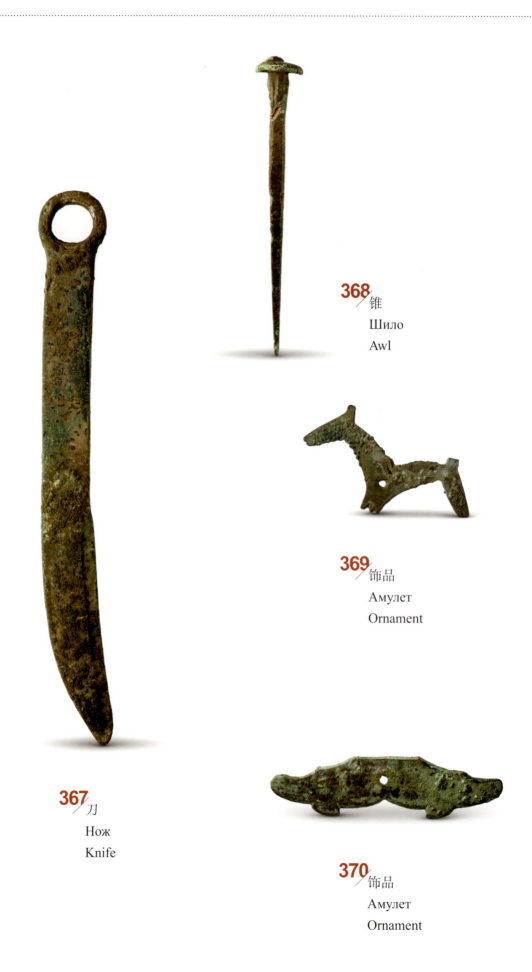

368锥
Шило
Awl

369饰品
Амулет
Ornament

367刀
Нож
Knife

370饰品
Амулет
Ornament

371 联珠饰

Бляшка

Plaque shaped like linked beads

372 联珠饰

Бляшка

Plaque shaped like linked beads

373 环状物

Кольцо

Ring

374 环状物

Кольцо

Ring

375 耳环

Кольцо височное

Earring

376 耳环

Кольцо височное

Earring

377 耳环

Кольцо височное

Earring

378 耳环

Кольцо височное

Earring

379 耳环

Кольцо височное

Earring

380 耳环

Кольцо височное

Earring

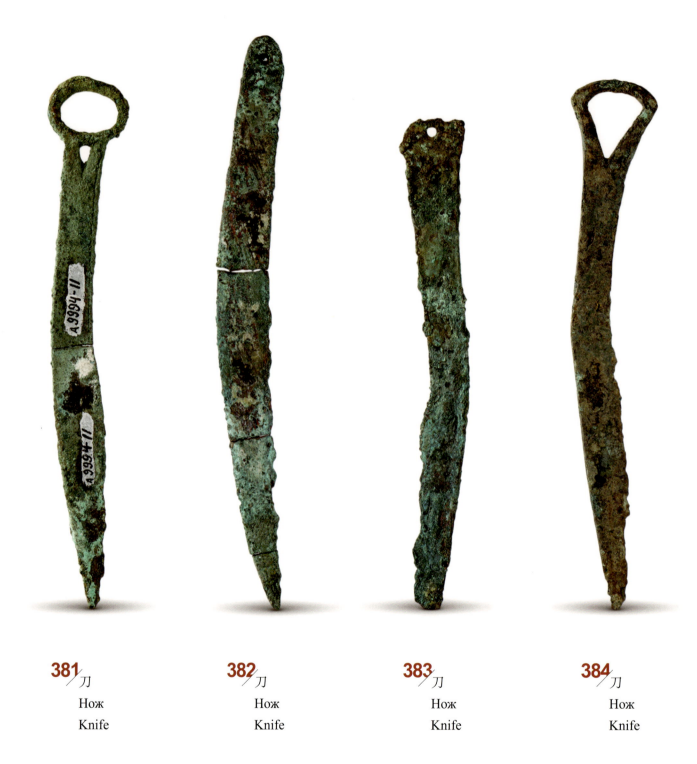

381刀
Нож
Knife

382刀
Нож
Knife

383刀
Нож
Knife

384刀
Нож
Knife

385⁄鹤嘴斧

Чекан

Crane-beak axe

386⁄镦

Вток

Cap for the butt of a spear shaft

387⁄镦

Вток

Cap for the butt of a spear shaft

388／镜
Зеркало
Mirror

389／镜
Зеркало
Mirror

390／镜
Зеркало
Mirror

391 手镯残块

3 Фрагменты браслета

3-Bracelet fragment

392 镜

Зеркало

Mirror

393 不知名器物

Предметы неизвестного назначения

Unidentified object

6

陆　后塔加尔时代

VI　Посттагарская эпоха

VI　Post-Tagar Period

394 腰牌饰

Пластина поясная

Belt plaque

395/腰牌饰

Пластина поясная

Belt plaque

396/腰牌饰

Пластина поясная

Belt plaque

397/腰牌饰

Пластина поясная

Belt plaque

398 腰牌饰

Пластина поясная

Belt plaque

399 腰牌饰

Пластина поясная

Belt plaque

400 腰牌饰

Пластина поясная

Belt plaque

401 腰牌饰

Пластина поясная

Belt plaque

402/腰牌饰

Пластина

Belt plaque

403 腰牌饰

Пряжка

Belt plaque

404 腰牌饰

Пластина поясная

Belt plaque

405 腰牌饰

Пластина поясная

Belt plaque

406 环形器
Украшение
Annular object

407 环形器
Украшение
Annular object

408 环形器
Подвеска
Annular object

409 环形器
Украшение
Annular object

410 带扣

Пряжка

Belt buckle

411 带扣

Пряжка

Belt buckle

412 带扣

Пряжка

Belt buckle

413 带扣

Пряжка

Belt buckle

414 带扣

Пряжка

Belt buckle

415 带扣

Пряжка

Belt buckle

416／带扣
Пряжка
Belt buckle

417／带扣
Пряжка
Belt buckle

418／带扣

Пряжка

Belt buckle

419／带扣

Пряжка

Belt buckle

420／镜

Зеркало

Mirror

421／镜

Зеркало

Mirror

422/镜
Зеркало
Mirror

423/镜
Зеркало
Mirror

424 杆头饰

Навершие

Staff finial

425/带饰

Привеска (наконечник ременной)

Belt decoration

426/带饰

Привеска (наконечник ременной)

Belt decoration

427/节约

Обойма

Strip guides for a horse bridle

第二部分

说明文字

❧❀❧

ВТОРАЯ ЧАСТЬ ПОЯСНИТЕЛЬНЫЙ ТЕКСТ

PART II REFERENCES

壹　阿凡纳谢沃文化
I Афанасьевская культура
I Afanasievo Culture

1. 刀

铜，锻造。138×38 毫米

发现地点：克拉斯诺亚尔斯克边疆区，米努辛斯克地区，波特罗希洛瓦附近的阿凡纳谢沃墓地，24 号库尔干，1 号墓

入馆时间及方式：1959 年，V.M.斯塔鲁先科发掘

编号：MKM A ОФ-9950/50

1. Нож

Медь, ковка. 138×38 мм

Место, дата и автор находки: Красноярский край, Минусинский район, д. Потрошилова. Могильник Афанасьевский у с. Потрошилово курган 24, могила 1. Поступил в 1959 г. , археологические раскопки Старущенко В. М.

Инвентарный номер: MKM A ОФ-9950/50

1. Knife

Copper, forged, 138×38mm

Findspot: Burial No. 1, Kurgan No. 24, Afanasievo Cemetery, Potroshilovo, Minusinsk, Krasnoyarsk

Acquisition date and Method: excavated by V. M. Starushchenko in 1959

Inventory No. MKM A ОФ-9950/50

2. 刀

铜，锻造。113×36 毫米

发现地点：克拉斯诺亚尔斯克边疆区，米努辛斯克地区，波特罗希洛瓦附近的阿凡纳谢沃墓地，21 号库尔干，1 号墓

入馆时间及方式：1959 年，V.M.斯塔鲁先科发掘

编号：MKM A ОФ-9950/46

2. Нож

Медь, ковка. 113×36 мм

Место, дата и автор находки: Красноярский край, Минусинский район, д. Потрошилова. Могильник Афанасьевский у с. Потрошилово курган 21, могила 1. Поступил в 1959 г. , археологические раскопки Старущенко В. М.

Инвентарный номер: MKM A ОФ-9950/46

2. Knife

Copper, forged, 113×36mm

Findspot: Burial No. 1, Kurgan No. 21, Afanasievo Cemetery, Potroshilovo, Minusinsk, Krasnoyarsk

Acquisition date and Method: excavated by V. M. Starushchenko in 1959

Inventory No. MKM A ОФ-9950/46

3. 刀

铜，锻造。96×34 毫米

发现地点：克拉斯诺亚尔斯克边疆区，米努辛斯克地区，波特罗希洛瓦附近的阿凡纳谢沃墓地，17 号库尔干，1 号墓

入馆时间及方式：1959 年，V.M.斯塔鲁先科发掘

编号：MKM A ОФ-9950/55

3. Нож

Медь, ковка. 96×34 мм

Место, дата и автор находки: Красноярский край, Минусинский район, д. Потрошилова. Могильник Афанасьевский у с. Потрошилово курган 17, могила 1. Поступил в 1959 г. , археологические раскопки Старущенко В. М.

Инвентарный номер: MKM A ОФ-9950/55

3. Knife

Copper, forged, 96×34mm

Findspot: Burial No. 1, Kurgan No. 17, Afanasievo Cemetery, Potroshilovo, Minusinsk, Krasnoyarsk

Acquisition date and Method: excavated by V. M. Starushchenko in 1959

Inventory No. MKM A ОФ-9950/55

4. 饰件

铜，锻造。74×24 毫米

发现地点：克拉斯诺亚尔斯克边疆区，米努辛斯克地区，诺瓦亚－瑟达村附近的墓地，14 号库尔干，2 号墓

入馆时间及方式：1929 年，S.V.吉谢列夫发掘

编号：MKM A ОФ-9781/17

4. Обоймочка

Медь, ковка. 74×24 мм

Место, дата и автор находки: Сибирский край, Минусинский округ, с. Новая Сыда. Могильник у с. Сыда курган 14, могила 2 Поступил в 1929 г. , археологические раскопки Киселева С. В.

Инвентарный номер: MKM A ОФ-9781/17

4. Ornament

Copper, forged, 74×24mm

Findspot: Burial No. 2, Kurgan No. 14, Novaya-Sida, Minusinsk, Krasnoyarsk

Acquisition date and Method: excavated by S. V. Kiselev in 1929

Inventory No. MKM A ОФ-9781/17

5. 骨柄铜锥

骨。90×20 毫米

发现地点：克拉斯诺亚尔斯克边疆区，米努辛斯克地区，波特罗希洛瓦附近的阿凡纳谢沃墓地，21 号库尔干，1 号墓

入馆时间及方式：1959 年，V.M.斯塔鲁先科发掘

编号：МКМ А ОФ-9950/44

5. Костяная рукоять шила

Кость. 90×20 мм

Место, дата и автор находки: Красноярский край, Минусинский район, д. Потрошилова. Могильник Афанасьевский у с. Потрошилово курган 21, могила 1. Поступил в 1959 г. , археологические раскопки Старущенко В. М.

Инвентарный номер: МКМ А ОФ-9950/44

5. Awl with bone handle

Bone. 90×20mm

Findspot: Burial No. 1, Kurgan No. 21, Afanasievo Cemetery, Potroshilovo, Minusinsk, Krasnoyarsk

Acquisition date and Method: excavated by V. M. Starushchenko in 1959

Inventory No. МКМ А ОФ-9950/44

6. 锥

铜，锻造。65×4 毫米

发现地点：克拉斯诺亚尔斯克边疆区，米努辛斯克地区，波特罗希洛瓦

附近的阿凡纳谢沃墓地，21 号库尔干，1 号墓

入馆时间及方式：1959 年，V. M. 斯塔鲁先科发掘

编号：МКМ А ОФ-9950/45

6. Шило

Медь, ковка. 65×4 мм

Место, дата и автор находки: Красноярский край, Минусинский район, д. Потрошилова. Могильник Афанасьевский у с. Потрошилово курган 21, могила 1. Поступил в 1959 г. , археологические раскопки Старущенко В. М.

Инвентарный номер: МКМ А ОФ-9950/45

6. Awl

Copper, forged, 65×4mm

Findspot: Burial No. 1, Kurgan No. 21, Afanasievo Cemetery, Potroshilovo, Minusinsk, Krasnoyarsk

Acquisition date and Method: excavated by V. M. Starushchenko in 1959

Inventory No. МКМ А ОФ-9950/45

贰　奥库涅夫文化
II　Окуневская культура
II　Okunev Culture

7. 有銎斧

青铜，铸造。76×43 毫米，重 204 克

发现地点：克拉斯诺亚尔斯克边疆区，米努辛斯克地区

入馆时间及方式：1917 年之前入馆，不详

编号：МКМ А ОФ-456

7. Топор клиновидный

Бронза, литье. 76×43 мм. вес 204 г.

Место, дата и автор находки: Енисейская губерния, Минусинский уезд. Поступил до 1917 г. , источник поступления не установлен

Инвентарный номер: МКМ А ОФ-456

7. Shaft-hole axe

Bronze, cast, 76×43mm, 204g

Findspot: Minusinsk, Krasnoyarsk

Acquisition date and method: before 1917, unknown

Inventory No. МКМ А ОФ-456

8. 刀

铜，锻造。115×25 毫米

发现地点：克拉斯诺亚尔斯克边疆区，米努辛斯克地区

入馆时间及方式：1928 年，捐赠

编号：МКМ А ОФ-8926

8. Нож

Медь, ковка. 115×25 мм

Место, дата и автор находки: Сибирский край, Минусинский округ. Поступил в дар в 1928 г.

Инвентарный номер: МКМ А ОФ-8926

8. Knife

Bronze, forged, 115×25mm

Findspot: Minusinsk, Krasnoyarsk

Acquisition date and method: donated in 1928

Inventory No. МКМ А ОФ-8926

9. 刀

铜，锻造。101×20 毫米

发现地点：克拉斯诺亚尔斯克边疆区，米努辛斯克地区，别伊斯卡亚州，别伊村

入馆时间及方式：1877–1904 年期间，捐赠

编号：МКМ А ОФ-8980

9. Нож

Медь, ковка. 101×20 мм

Место, дата и автор находки: Енисейская губерния, Минусинский уезд, Бейская волость, с. Бейское. Поступил в дар в 1877-1904 гг.

Инвентарный номер: МКМ А ОФ-8980

9. Knife

Bronze, forged, 101×20mm

Findspot: Beyskoe, Beyskaya, Minusinsk, Krasnoyarsk
Acquisition date and method: donated between 1877 and 1904
Inventory No. MKM A OФ-8980

10. 刀

铜，锻造。90×25 毫米
发现地点：克拉斯诺亚尔斯克边疆区，米努辛斯克地区，舒申斯克区，卡赞采夫村
入馆时间及方式：1877–1904 年期间，捐赠
编号：MKM A OФ-8977

10. Нож

Медь, ковка. 90×25 мм
Место, дата и автор находки: Енисейская губерния, Минусинский уезд, Шушенская волость, с. Казанцевское. Поступил в дар в 1877-1904 гг.
Инвентарный номер: MKM A OФ-8977

10. Knife

Bronze, forged, 90×25mm
Findspot: Kazancevskoe, Shushenskaya, Minusinsk, Krasnoyarsk
Acquisition date and method: donated between 1877 and 1904
Inventory No. MKM A OФ-8977

11. 刀

铜，锻造。140×30 毫米
发现地点：克拉斯诺亚尔斯克边疆区，米努辛斯克地区，兹纳缅区，巴坚尼村
入馆时间及方式：1877–1904 年期间，捐赠
编号：MKM A OФ-8975

11. Нож

Медь, ковка. 140×30 мм
Место, дата и автор находки: Енисейская губерния, Минусинский уезд, Знаменская волость, с. Батени. Поступил в дар в 1877-1904 гг.
Инвентарный номер: MKM A OФ-8975

11. Knife

Bronze, forged, 140×30mm
Findspot: Bateni, Znamenskaya, Minusinsk, Krasnoyarsk
Acquisition date and method: donated between 1877 and 1904
Inventory No. MKM A OФ-8975

12. 刀

铜，锻造。81×23 毫米
发现地点：克拉斯诺亚尔斯克边疆区，米努辛斯克地区，科姆斯卡亚州，安纳什村
入馆时间及方式：1877–1904 年期间，捐赠
编号：MKM A OФ-8978

12. Нож

Медь, ковка. 81×23 мм
Место, дата и автор находки: Енисейская губерния, Минусинский уезд, Комская волость, с. Анаш
Поступил в дар в 1877-1904 гг.
Инвентарный номер: MKM A OФ-8978

12. Knife

Bronze, forged, 81×23mm
Findspot: Anash, Komskaya, Minusinsk, Krasnoyarsk
Acquisition date and method: donated between 1877 and 1904
Inventory No. MKM A OФ-8978

13. 刀

铜，锻造。69×29 毫米
发现地点：克拉斯诺亚尔斯克边疆区，米努辛斯克地区，科姆斯卡亚州，格利亚坚村
入馆时间及方式：1877–1904 年期间，捐赠
编号：MKM A OФ-8982

13. Нож

Медь, ковка. 69×29 мм
Место, дата и автор находки: Енисейская губерния, Минусинский уезд, Комская волость, д. Глядень. Поступил в дар в 1877-1904 гг.
Инвентарный номер: MKM A OФ-8982

13. Knife

Bronze, forged, 69×29mm
Findspot: Gladen, Komskaya, Minusinsk, Krasnoyarsk
Acquisition date and method: donated between 1877 and 1904
Inventory No. MKM A OФ-8982

14. 剑

青铜，铸造。131×26 毫米
发现地点：克拉斯诺亚尔斯克边疆区，米努辛斯克地区，伊乌金斯卡亚区，伊乌金纳村（尤金诺，邦达列沃）
入馆时间及方式：1877–1904 年期间，捐赠
编号：MKM A OФ-880

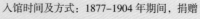

14. Кинжал

Бронза, литье. 131×26 мм
Место, дата и автор находки: Енисейская губерния, Минусинский уезд, Иудинская волость, д. Иудина (Юдино, Бондарево). Поступил в дар в 1877-1904 гг.
Инвентарный номер: MKM A OФ-880

14. Dagger

Bronze, cast, 131×26mm
Findspot: Yudino, Bondarevo (formerly Iudina), Iudinskaya, Minusinsk, Krasnoyarsk
Acquisition date and method: donated between 1877 and 1904
Inventory No. MKM A OФ-880

15. 剑

青铜，铸造。150×28 毫米
发现地点：克拉斯诺亚尔斯克边疆区，米努辛斯克地区
入馆时间及方式：1917 年，不详
编号：MKM A OФ-9697

15. Кинжал

Бронза, литье. 150×28 мм

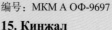

Место, дата и автор находки: Енисейская губерния, Минусинский уезд. Поступил до 1917 г., источник поступления не установлен
Инвентарный номер: МКМ А ОФ-9697

15. Dagger
Bronze, cast, 150×28mm
Findspot: Minusinsk, Krasnoyarsk
Acquisition date and method: 1917, unknown
Inventory No. МКМ А ОФ-9697

16. 锥
铜，锻造。63×4 毫米
发现地点：克拉斯诺亚尔斯克边疆区，米努辛斯克地区，波特罗希洛瓦附近的阿凡纳谢沃墓地，5 号库尔干，1 号墓
入馆时间及方式：1959 年，V. M. 斯塔鲁先科发掘
编号：МКМ А ОФ-9950/6

16. Шило
Бронза, литье. 63×4 мм
Место, дата и автор находки: Красноярский край, Минусинский район, д. Потрошилова. Могильник Афанасьевский у с. Потрошилово курган 5, могила 1. Поступил в 1959 г., археологические раскопки Старущенко В. М.
Инвентарный номер: МКМ А ОФ-9950/6

16. Awl
Bronze, forged, 63×4mm
Findspot: Burial No. 1, Kurgan No. 5, Afanasievo Cemetery, Potroshilovo, Minusinsk, Krasnoyarsk
Acquisition date and Method: excavated by V. M. Starushchenko in 1959
Inventory No. МКМ А ОФ-9950/6

17. 针筒
青铜，铸造。81×6 毫米
发现地点：克拉斯诺亚尔斯克边疆区，哈卡斯自治区，乌斯季－阿巴坎区，维巴特村，维巴特车站附近的奥库涅夫墓地，1 号库尔干，6 号墓
入馆时间及方式：1966 年，N. V. 列昂季耶夫发掘
编号：МКМ А ОФ-9963/3

17. Игольник
Бронза, литье. 81×6 мм
Место, дата и автор находки: Красноярский край, Хакасская автономная область (ХАО), Усть-Абаканский район, пос. Уйбат, станция Уйбат. Могильник Окуневский Курган 1, могила 6. Поступил в 1966 г., археологические раскопки Леонтьева Н. В.

Инвентарный номер: МКМ А ОФ-9963/3

17. Needle case
Bronze, cast, 81×6mm
Findspot: Burial No. 6, Kurgan No. 1, Uybat, Okunev Cemetery, Ust-Abakan, Khakassia, Krasnoyarsk
Acquisition date and method: excavated by N. V. Leontyev in 1966
Inventory No. МКМ А ОФ-9963/3

18. 鱼钩
青铜，铸造。41×2 毫米
发现地点：克拉斯诺亚尔斯克边疆区，米努辛斯克地区，哈卡斯自治区，阿尔泰斯基区，列特尼克村
入馆时间及方式：1973 年，P. I. 科罗别伊尼科夫捐赠
编号：МКМ А ОФ-10006/61

18. Крючок рыболовный
Бронза, литье. 41×2 мм
Место, дата и автор находки: Красноярский край, Хакасская автономная область (ХАО), Алтайский район, с. Летник. Поступил в 1973 г. Сборы П. И. Коробейникова
Инвентарный номер: МКМ А ОФ-10006/61

18. Fish hook
Bronze, cast, 41×2mm
Findspot: Letnik, Altayskiy, Khakassia, Minusinsk, Krasnoyarsk
Acquisition date and method: donated by P. I. Korobeinikov in 1973
Inventory No. МКМ А ОФ-10006/61

19. 鱼钩
青铜，铸造。34×4 毫米
发现地点：克拉斯诺亚尔斯克边疆区，米努辛斯克地区，兹纳缅缅，巴坚尼村
入馆时间及方式：1877–1904 年期间，捐赠
编号：МКМ А ОФ-9031

19. Крючок рыболовный
Бронза, литье. 34×4 мм
Место, дата и автор находки: Енисейская губерния, Минусинский уезд, Знаменская волость, с. Батени. Поступил в дар в 1877-1904 гг.
Инвентарный номер: МКМ А ОФ-9031

19. Fish hook
Bronze, cast, 34×4mm
Findspot: Bateni, Znamenskaya, Minusinsk, Krasnoyarsk
Acquisition date and method: donated between 1877 and 1904
Inventory No. МКМ А ОФ-9031

叁　安德罗诺沃文化
III Андроновская культура
III Andronovo Culture

20. 劍

青铜，铸造。173×22 毫米

发现地点：克拉斯诺亚尔斯克边疆区，米努辛斯克地区，诺沃肖洛夫区，斯韦特洛洛博瓦村

入馆时间及方式：1877–1904 年期间，捐赠

编号：МКМ А ОФ-7221

20. Кинжал

Бронза, литьё. 173×22 мм

Место, дата и автор находки: Енисейская губерния, Минусинский уезд, Новосёловская волость, д. Светлолобова. Поступил в дар в 1877-1904 гг.

Инвентарный номер: МКМ А ОФ-7221

20. Dagger

Bronze, cast, 173×22mm

Findspot: Svetlolobova, Novosyolovskaya, Minusinsk, Krasnoyarsk

Acquisition date and method: donated between 1877 and 1904

Inventory No. МКМ А ОФ-7221

21. 劍

青铜，铸造。165×21 毫米

发现地点：克拉斯诺亚尔斯克边疆区，米努辛斯克地区，萨尔宾区，科尔图斯村

入馆时间及方式：1877–1904 年期间，捐赠

编号：МКМ А ОФ-876

21. Кинжал

Бронза, литьё. 165×21 мм

Место, дата и автор находки: Енисейская губерния, Минусинский уезд, Салбинская волость, д. Кортуз. Поступил в дар в 1877-1904 гг.

Инвентарный номер: МКМ А ОФ-876

21. Dagger

Bronze, cast, 165×21mm

Findspot: Cortuz, Salbinskaya, Minusinsk, Krasnoyarsk

Acquisition date and method: donated between 1877 and 1904

Inventory No. МКМ А ОФ-876

22. 劍

青铜，铸造。113×27 毫米

发现地点：克拉斯诺亚尔斯克边疆区，米努辛斯克地区，博利绍伊–哈贝克村

入馆时间及方式：1877–1904 年期间，捐赠

编号：МКМ А ОФ-878

22. Кинжал

Бронза, литьё. 113×27 мм

Место, дата и автор находки: Енисейская губерния, Минусинский уезд, с. Большой Хабык

Поступил в дар в 1877-1904 гг.

Инвентарный номер: МКМ А ОФ-878

22. Dagger

Bronze, cast, 113×27mm

Findspot: Bolvshoy-Habik, Minusinsk, Krasnoyarsk

Acquisition date and method: donated between 1877 and 1904

Inventory No. МКМ А ОФ-878

23. 有銎斧

青铜，铸造。187×76 毫米

发现地点：克拉斯诺亚尔斯克边疆区，米努辛斯克地区，兹纳缅区，巴坚尼村

入馆时间及方式：1877–1904 年期间，捐赠

编号：МКМ А ОФ-455

23. Топор вислообушный

Бронза, литьё. 187×76 мм

Место, дата и автор находки: Енисейская губерния, Минусинский уезд, Знаменская волость, с. Батени. Поступил в дар в 1877-1904 гг.

Инвентарный номер: МКМ А ОФ-455

23. Shaft-hole axe

Bronze, cast, 187×76mm

Findspot: Bateni, Znamenskaya, Minusinsk, Krasnoyarsk

Acquisition date and method: donated between 1877 and 1904

Inventory No. МКМ А ОФ-455

24. 矛头

青铜，铸造。146×39 毫米

发现地点：克拉斯诺亚尔斯克边疆区，米努辛斯克地区，库拉金区，韦勒赫尼亚－穆利加村

入馆时间及方式：1994 年，O. M. 波图林纳捐赠

编号：МКМ А ОФ-12538

24. Наконечник копья

Бронза, литьё. 146×39 мм

Место, дата и автор находки: Красноярский край, Курагинский район, д. Верхняя Мульга. Поступил в дар от О. М. Потулина в 1994 г.

Инвентарный номер: МКМ А ОФ-12538

24. Spearhead

Bronze, cast, 146×39mm

Findspot: Verkhnaya-Mulga, Kuraginsky, Minusinsk, Krasnoyarsk

Acquisition date and method: donated by O. M. Potulin in 1994

Inventory No. МКМ А ОФ-12538

25. 矛头

青铜，铸造。156×40 毫米

发现地点：克拉斯诺亚尔斯克边疆区，米努辛斯克地区周边

入馆时间及方式：1917 年，不详

编号：МКМ А ОФ-7214

25. Фрагмент наконечника копья
Бронза, литье. 156×40 мм

Место, дата и автор находки: Енисейская губерния, Минусинский округ. Поступил до 1917 г. , источник поступления не установлен

Инвентарный номер: МКМ А ОФ-7214

25. Spearhead
Bronze, cast, 156×40mm.

Findspot: Minusinsk, Krasnoyarsk

Acquisition date and method: 1917, unknown

Inventory No. МКМ А ОФ-7214

26. 斧
青铜，铸造。118 × 41 毫米，重 237 克

发现地点：克拉斯诺亚尔斯克边疆区，米努辛斯克地区，别伊斯卡亚州，别伊斯科耶村

入馆时间及方式：1904 年之前入馆

编号：МКМ А ОФ-170

26. Кельт
Бронза, литье. 118×41 мм. вес 237 г.

Место, дата и автор находки: Енисейская губерния, Минусинский уезд, Бейская волость, с. Бейское. Поступление до 1904 г.

Инвентарный номер: МКМ А ОФ-170

26. Socketed axe
Bronze, cast, 118×41mm, weight 237g

Findspot: Beyskoe, Beyskaya, Minusinsk, Krasnoyarsk

Acquisition date and method: before 1904

Inventory No. МКМ А ОФ-170

27. 斧
青铜，铸造。176 × 70 毫米

发现地点：克拉斯诺亚尔斯克边疆区，米努辛斯克地区，库拉金区，韦勒赫尼亚 – 穆利加村

编号：МКМ А ОФ-12538

27. Кельт
Бронза, литье. 176×70 мм

Место, дата и автор находки: Красноярский край, Курагинский район, д. Верхняя Мульга

Инвентарный номер: МКМ А ОФ-12538

27. Socketed axe
Bronze, cast, 176×70mm

Findspot: Verkhnaya-Mulga, Kuraginsky, Minusinsk, Krasnoyarsk

Inventory No. МКМ А ОФ-12538

28. 镰
青铜，铸造。170 × 26 毫米

发现地点：克拉斯诺亚尔斯克边疆区，米努辛斯克地区

入馆时间及方式：1917 年之前入馆

编号：МКМ А ОФ-1616

28. Серп
Бронза, литье. 170×26 мм

Место, дата и автор находки: Енисейская губерния, Минусинский уезд. Поступил до 1917 г.

Инвентарный номер: МКМ А ОФ-1616

28. Sickle
Bronze, cast, 170×26mm

Findspot: Minusinsk, Krasnoyarsk

Acquisition date and method: before 1917

Inventory No. МКМ А ОФ-1616

29. 镰
青铜，铸造。147 × 30 毫米

发现地点：克拉斯诺亚尔斯克边疆区，米努辛斯克地区周边

入馆时间及方式：1877–1904 年期间，捐赠

编号：МКМ А ОФ-1609

29. Нож серповидный
Бронза, литье. 147×30 мм

Место, дата и автор находки: Енисейская губерния, Минусинский округ. Поступил в дар в 1877-1904 гг.

Инвентарный номер: МКМ А ОФ-1609

29. Sickle
Bronze, cast, 147×30mm

Findspot: Minusinsk, Krasnoyarsk

Acquisition date and method: donated between 1877 and 1904

Inventory No. МКМ А ОФ-1609

30. 耳环
青铜，铸造。24 × 14 毫米

发现地点：克拉斯诺亚尔斯克边疆区，米努辛斯克地区，科切尔金区，马拉亚 – 因尼亚村

入馆时间及方式：1928 年，捐赠

编号：МКМ А ОФ-8863

30. Подвеска
Бронза, литье. 24×14 мм

Место, дата и автор находки: Енисейская губ. , Минусинский уезд. Кочергинская волость, д. Малая Иня. Поступил в дар до 1928 г.

Инвентарный номер: МКМ А ОФ-8863

30. Earring
Bronze, cast, 24×14mm

Findspot: Malaya-Inya, Kocherginskaya, Minusinsk, Krasnoyarsk

Acquisition date and method: donated in 1928

Inventory No. МКМ А ОФ-8863

31. 耳环
青铜，铸造。14 × 11 毫米

发现地点：克拉斯诺亚尔斯克边疆区，米努辛斯克地区，诺沃肖洛夫区，伊格雷什村

入馆时间及方式：1917 年之前入馆

编号：МКМ А ОФ-6920

31. Спираль

Бронза, литье. 14×11 мм

Место, дата и автор находки: Енисейская губерния, Минусинский уезд, Новосёловская волость, д. Игрыш. Поступил до 1917 г.

Инвентарный номер: МКМ А ОФ-6920

31. Earring

Bronze, cast, 14×11mm

Findspot: Igrysh, Novosyolovskaya, Minusinsk, Krasnoyarsk

Acquisition date and method: before 1917

Inventory No. МКМ А ОФ-6920

32. 耳环

青铜，铸造。直径 30 毫米

发现地点：克拉斯诺亚尔斯克边疆区，米努辛斯克地区周边

入馆时间及方式：1917 年之前入馆

编号：МКМ А-11967

32. Кольцо

Бронза, литье. Диаметр 30 мм

Место, дата и автор находки: Енисейская губерния, Минусинский уезд. Поступил до 1917 г.

Инвентарный номер: МКМ А-11967

32. Earring

Bronze, cast, diameter 30mm

Findspot: Minusinsk, Krasnoyarsk

Acquisition date and method: before 1917

Inventory No. МКМ А-11967

33. 珠饰

青铜，铸造。总长度 155 毫米。青铜珠直径 0.5–0.8 毫米

发现地点：克拉斯诺亚尔斯克边疆区，米努辛斯克地区，巴纳切夫区，兹纳名卡村

入馆时间及方式：1904 年，捐赠

编号：МКМ А ОФ-8622

33. Низка бус

Бронза, литье. Длина низки 155 мм; Диаметр бусин 0.5-0.8 мм

Место, дата и автор находки: Енисейская губерния, Минусинский уезд, Паначевская волость, д. Знаменка. Поступил в дар в 1904 г.

Инвентарный номер: МКМ А ОФ-8622

33. String of bronze beads

Bronze, cast, length 155mm, diameter 0.5-0.8mm

Findspot: Znamenka, Panachevskaya, Minusinsk, Krasnoyarsk

Acquisition date and method: donated in 1904

Inventory No. МКМ А ОФ-8622

肆　卡拉苏克文化
IV　Карасукская культура
IV　Karasuk Culture

34. 剑

青铜，铸造。240×60 毫米，重 162 克

发现地点：克拉斯诺亚尔斯克边疆区，米努辛斯克地区，卡普特列夫斯卡亚区，卡普特列夫村

入馆时间及方式：1904 年之前入馆，捐赠

编号：МКМ А ОФ-962

34. Кинжал

Бронза, литье. 240×60 мм. вес 162 г.

Место, дата и автор находки: Енисейская губерния, Минусинский уезд, Каптыревская волость, с. Каптыревское. Поступил в дар в 1904 г.

Инвентарный номер: МКМ А ОФ-962

34. Dagger

Bronze, cast, 240×60mm, weight 162g

Findspot: Kaptyrevskoe, Kaptyrevskaya, Minusinsk, Krasnoyarsk

Acquisition date and method: donated before 1904

Inventory No. МКМ А ОФ-962

35. 剑

青铜，铸造。280×39 毫米，重 270 克

发现地点：克拉斯诺亚尔斯克边疆区，米努辛斯克地区，塔什特普区，塔什特普村

入馆时间及方式：1917 年之前入馆

编号：МКМ А ОФ-958

35. Кинжал

Бронза, литье. 280×39 мм. вес 270 г.

Место, дата и автор находки: Енисейская губерния, Минусинский уезд, Таштыпская волость, с. Таштып. Поступил до 1917 г.

Инвентарный номер: МКМ А ОФ-958

35. Dagger

Bronze, cast, 280×39mm, weight 270g

Findspot: Tashtyp, Tashtypskaya, Minusinsk, Krasnoyarsk

Acquisition date and method: before 1917

Inventory No. МКМ А ОФ-958

36. 剑

青铜，铸造。226×52 毫米，重 211 克

发现地点：克拉斯诺亚尔斯克边疆区，米努辛斯克地区，博利沙亚－萨尔巴村

入馆时间及方式：1900 年入馆，捐赠
编号：МКМ А ОФ-960

36. Кинжал
Бронза, литье. 226×52 мм. вес 211 г.
Место, дата и автор находки: Енисейская
губерния, Минусинский уезд, д. Большая
Салба. Поступил в дар в 1900 г.
Инвентарный номер: МКМ А ОФ-960
36. Dagger
Bronze, cast, 226×52mm, Weight 211g
Findspot: Bolshaya-Salba, Minusinsk, Krasnoyarsk
Acquisition date and method: donated in 1900
Inventory No. МКМ А ОФ-960

37. 剑
青铜，铸造。298 × 53 毫米，重 203 克
发现地点：克拉斯诺亚尔斯克边疆区，米努辛斯
克地区，卢加夫区，克里瓦亚村
入馆时间及方式：1900 年入馆
编号：МКМ А ОФ-930

37. Кинжал
Бронза, литье. 298×53 мм. вес 203 г.
Место, дата и автор находки: Енисейская губ. , Минусинский
уезд, Лугавская волость, д. Кривая. Поступил в 1900 г.
Инвентарный номер: МКМ А ОФ-930
37. Dagger
Bronze, cast, 298×53mm, weight 203g
Findspot: Krivaya, Lugavskaya, Minusinsk, Krasnoyarsk
Acquisition date and method: 1900
Inventory No. МКМ А ОФ-930

38. 剑
青铜，铸造。266 × 43 毫米，重 154 克
发现地点：克拉斯诺亚尔斯克边疆区，米努辛斯
克地区，乌特村
入馆时间及方式：1917 年之前入馆
编号：МКМ А ОФ-965

38. Кинжал
Бронза литье. 266×43 мм. вес 154 г.
Место, дата и автор находки: Енисейская губ. , Минусинский
уезд, д. Уты. Поступил до 1917 г.
Инвентарный номер: МКМ А ОФ-965
38. Dagger
Bronze, cast, 266×43mm, weight 154g
Findspot: Uti, Minusinsk, Krasnoyarsk
Acquisition date and method: before 1917
Inventory No. МКМ А ОФ-965

39. 剑
青铜，铸造。218 × 45 毫米，重 170 克
发现地点：克拉斯诺亚尔斯克边疆区，米努辛斯克地区，诺沃肖洛夫区，
斯韦特洛洛博瓦村

入馆时间及方式：1900 年入馆，捐赠
编号：МКМ А ОФ-931

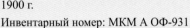

39. Кинжал
Бронза, литье. 218×45 мм. вес 170 г.
Место, дата и автор находки: Енисейская
губерния, Минусинский уезд, Новосёловская
волость, д. Светлолобова. Поступил в дар в
1900 г.
Инвентарный номер: МКМ А ОФ-931
39. Dagger
Bronze, cast, 218×45mm, weight 170g
Findspot: Svetlolobova, Novosyolovskaya, Minusinsk, Krasnoyarsk
Acquisition date and method: donated in 1900
Inventory No. МКМ А ОФ-931

40. 管銎啄戈
青铜，铸造。192 × 75 毫米，重 268 克
发现地点：克拉斯诺亚尔斯克边疆区，米努辛斯
克地区，乌辛斯科耶村
入馆时间及方式：1917 年之前入馆
编号：МКМ А ОФ-671

40. Чекан
Бронза, литье. 192×75 мм. вес 268 г.
Место, дата и автор находки: Енисейская губерния, Минусинский
уезд, с. Усинское. Поступил до 1917 г.
Инвентарный номер: МКМ А ОФ-671
40. Shaft-hole battle pick
Bronze, cast 192×75mm, weight 268g
Findspot: Usinskoe, Minusinsk, Krasnoyarsk
Acquisition date and method: before 1917
Inventory No. МКМ А ОФ-671

41. 管銎啄戈
青铜，铸造。169 × 86 毫米，重 188 克
发现地点：克拉斯诺亚尔斯克边疆区，米努辛斯
克地区，乌辛斯科耶村
入馆时间及方式：1917 年之前入馆
编号：МКМ А ОФ-672

41. Чекан
Бронза, литье. 169 ×86 мм. вес 188 г.
Место, дата и автор находки: Енисейская губерния, Минусинский
уезд. Поступил до 1917 г.
Инвентарный номер: МКМ А ОФ-672
41. Shaft-hole battle pick
Bronze, cast, 169×86mm, weight 188g
Findspot: Usinskoe, Minusinsk, Krasnoyarsk
Acquisition date and method: before 1917
Inventory No. МКМ А ОФ-672

42. 矛头
青铜，铸造。145 × 30 毫米
发现地点：克拉斯诺亚尔斯克边疆区，米努辛斯克地区，科切尔金区，

科切尔金村

入馆时间及方式：1917 年之前入馆

编号：MKM A ОФ-7225

42. Наконечник копья

Бронза, литье. 145×30 мм

Место, дата и автор находки: Енисейская
губерния, Минусинский уезд, Кочергинская
волость, с. Кочергинское. Поступил до 1917 г.

Инвентарный номер: МКМ А ОФ-7225

42. Spearhead

Bronze, cast, 145×30mm

Findspot: Kocherginskoe, Kocherginskaya, Minusinsk, Krasnoyarsk

Acquisition date and method: before 1917

Inventory No. MKM A ОФ-7225

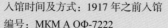

43. 矛头

青铜，铸造。242 × 50 毫米

发现地点：克拉斯诺亚尔斯克边疆区，米努辛斯
克地区，卢加夫斯科耶村

入馆时间及方式：1982 年，斯科博瓦 M. C. 捐赠

编号：MKM A ОФ-10130

43. Наконечник копья

Бронза, литье. 242×50 мм

Место, дата и автор находки: Красноярский край, Минусинский
р-он, с. Лугавское. Поступил в 1982 г. от Скобова М. С.

Инвентарный номер: МКМ А ОФ-10130

43. Spearhead

Bronze, cast, 242×50mm

Findspot: Lugavskoe, Minusinsk, Krasnoyarsk

Acquisition date and method:1982, donated by M. C. Skobov

Inventory No. MKM A ОФ-10130

44. 矛头

青铜，铸造。195 × 45 毫米

发现地点：克拉斯诺亚尔斯克边疆区，米努辛斯
克地区，科切尔金区，科尔马科沃村

入馆时间及方式：1917 年之前入馆

编号：MKM A ОФ-7224

44. Наконечник копья

Бронза, литье. 195×45 мм

Место, дата и автор находки: Енисейская губерния, Минусинский
уезд, Кочергинская волость, с. Колмаково. Поступил до 1917 г.

Инвентарный номер: МКМ А ОФ-7224

44. Spearhead

Bronze, cast, 195×45mm

Findspot: Kolmakovo, Kocherginskaya, Minusinsk, Krasnoyarsk

Acquisition date and method: before 1917

Inventory No. MKM A ОФ-7224

45. 矛头

青铜，铸造。204 × 35 毫米

发现地点：克拉斯诺亚尔斯克边疆区，米努辛斯克地区，科科耶瓦村

入馆时间及方式：1917 年之前入馆

编号：MKM A ОФ-7222

45. Наконечник копья

Бронза, литье. 204×35мм

Место, дата и автор находки: Енисейская
губерния, Минусинский уезд, улус Кокоева.
Поступил до 1917 г.

Инвентарный номер: МКМ А ОФ-7222

45. Spearhead

Bronze, cast, 204×35mm

Findspot: Kokoeva, Minusinsk, Krasnoyarsk

Acquisition date and method: before 1917

Inventory No. MKM A ОФ-7222

46. 矛头

青铜，铸造。225 × 50 毫米

发现地点：克拉斯诺亚尔斯克边疆区，米努辛斯
克地区，乌尊茹尔河

入馆时间及方式：1904 年之前入馆，捐赠

编号：MKM A ОФ-7227

46. Наконечник копья

Бронза, литье. 225×50 мм

Место, дата и автор находки: Енисейская губерния, Минусинский
уезд, р. Узунжул. Поступил в дар в 1904 г.

Инвентарный номер: МКМ А ОФ-7227

46. Spearhead

Bronze, cast, 225×50mm

Findspot: Uzunzhul River, Minusinsk, Krasnoyarsk

Acquisition date and method: donated before 1904

Inventory No. MKM A ОФ-7227

47. 矛头

青铜，铸造。174 × 40 毫米

发现地点：克拉斯诺亚尔斯克边疆区，米努辛斯
克地区，塔什特普区，塔什特普村

入馆时间及方式：1904 年，捐赠

编号：MKM A ОФ-7230

47. Наконечник копья

Бронза, литье. 174×40 мм

Место, дата и автор находки: Енисейская губерния, Минусинский
уезд, Таштыпская волость, с. Таштып. Поступил в дар в 1904 г.

Инвентарный номер: МКМ А ОФ-7230

47. Spearhead

Bronze, cast, 174×40mm

Findspot: Tashtyp, Tashtypskaya, Uzunzhul Minusinsk, Krasnoyarsk

Acquisition date and method: donated in 1904

Inventory No. MKM A ОФ-7230

48. 矛头

青铜，铸造。152 × 21 毫米，重 205 克

发现地点：克拉斯诺亚尔斯克边疆区，米努辛斯克地区，别伊区，塔巴
特村

入馆时间及方式：1917 年，捐赠

编号：МКМ А ОФ-501

48. Долото копьевидное

Бронза, литье. 152×21 мм. вес 205 г.

Место, дата и автор находки: Енисейская губерния, Минусинский уезд, Бейская волость, с. Табат. Поступил в дар в 1917 г.

Инвентарный номер: МКМ А ОФ-501

48. Spearhead

Bronze, cast, 152×21mm, weight 205g

Findspot: Tabat, Beyskaya, Minusinsk, Krasnoyarsk

Acquisition date and method: donated in 1917

Inventory No. МКМ А ОФ-501

49. 剑鞘

青铜，铸造。196 × 45 毫米

发现地点：克拉斯诺亚尔斯克边疆区，米努辛斯克地区，克拉斯诺图拉克区，列比亚日耶村比里亚河口被破坏的墓葬中

入馆时间及方式：1993 年，V. A. 博尔特科夫斯基捐赠

编号：МКМ А ОФ-12535

49. Каркас ножен кинжала

Бронза, литье. 196×45 мм

Место, дата и автор находки: Красноярский край, Краснотуранский район, с. Лебяжье. Разрушаемый могильник в устье р. Биря. Поступил в 1993 г. от Бортковского В. А.

Инвентарный номер: МКМ А ОФ-12535

49. Scabbard

Bronze, cast, 196×45mm

Findspot: A damaged burial at the estuary of the Birya River, Lebyazhye, Krasnoturansky, Minusinsk, Krasnoyarsk

Acquisition date and method: donated by V. A. Bortkovsky in 1993

Inventory No. МКМ А ОФ-12535

50. 镞

青铜，铸造。62 × 25 毫米

发现地点：克拉斯诺亚尔斯克边疆区，米努辛斯克地区，沙拉博林区，卡夫卡兹斯科耶村

入馆时间及方式：1917 年之前入馆

编号：МКМ А ОФ-7469

50. Наконечник стрелы

Бронза, литье. 62×25 мм

Место, дата и автор находки: Енисейская губерния, Минусинский уезд, Шалаболинская волость, с. Кавказское. Поступил до 1917 г.

Инвентарный номер: МКМ А ОФ-7469

50. Arrowhead

Bronze, cast, 62×25mm

Findspot: Kavkazskoye, Shalabolinskaya, Minusinsk, Krasnoyarsk

Acquisition date and method: before 1917

Inventory No. МКМ А ОФ-7469

51. 镞

青铜，铸造。43 × 23 毫米

发现地点：克拉斯诺亚尔斯克边疆区，米努辛斯克地区周边

入馆时间及方式：1904 年之前入馆，捐赠

编号：МКМ А ОФ-7259

51. Наконечник стрелы

Бронза, литье. 43×23 мм

Место, дата и автор находки: Енисейская губерния, Минусинский округ. Поступил в дар в 1904 г.

Инвентарный номер: МКМ А ОФ-7259

51. Arrowhead

Bronze, cast, 43×23mm

Findspot: Minusinsk, Krasnoyarsk.

Acquisition date and method: donated before 1904

Inventory No. МКМ А ОФ-7259

52. 镞

青铜，铸造。50 × 16 毫米

发现地点：克拉斯诺亚尔斯克边疆区，米努辛斯克地区，伊济赫山

入馆时间及方式：1904 年之前入馆，捐赠

编号：МКМ А ОФ-7253

52. Наконечник стрелы

Бронза, литье. 50×16 мм

Место, дата и автор находки: Енисейская губерния, Минусинский уезд, гора Изых. Поступил в дар в 1904 г.

Инвентарный номер: МКМ А ОФ-7253

52. Arrowhead

Bronze, cast, 50×16mm

Findspot: Izykh Mountain, Minusinsk, Krasnoyarsk

Acquisition date and method: donated before 1904

Inventory No. МКМ А ОФ-7253

53. 镞

青铜，铸造。62 × 24 毫米

发现地点：克拉斯诺亚尔斯克边疆区，米努辛斯克地区

入馆时间及方式：不详

编号：МКМ А ОФ-7219

53. Наконечник стрелы

Бронза, литье. 62×24 мм

Место, дата и автор находки: Енисейская губерния, Минусинский уезд. Время и источник поступления не установлены

Инвентарный номер: МКМ А ОФ-7219

53. Arrowhead

Bronze, cast, 62×24mm

Findspot: Minusinsk, Krasnoyarsk

Acquisition date and method: unknown

Inventory No. МКМ А ОФ-7219

54. 镞

青铜，铸造。53×18 毫米

发现地点：克拉斯诺亚尔斯克边疆区，米努辛斯克地区，伊乌金斯卡亚区，伊乌金纳村（尤金诺，邦达列沃）

入馆时间及方式：1904 年之前入馆，捐赠

编号：MKM A ОФ-7249

54. Наконечник стрелы

Бронза, литье. 53×18 мм

Место, дата и автор находки: Енисейская губерния, Минусинский уезд, Иудинская волость, д. Иудина (Юдино, Бондарево). Поступил в дар в 1904 г.

Инвентарный номер: MKM A ОФ-7249

54. Arrowhead

Bronze, cast, 53×18mm

Findspot: Yudino, Bondarevo (formerly Iudina), Iudinskaya, Minusinsk, Krasnoyarsk

Acquisition date and method: donated before 1904

Inventory No. MKM A ОФ-7249

55. 镞

青铜，铸造。67×15 毫米

发现地点：克拉斯诺亚尔斯克边疆区，米努辛斯克地区

入馆时间及方式：1917 年之前入馆

编号：MKM A ОФ-7204

55. Наконечник стрелы

Бронза, литье. 67×15 мм

Место, дата и автор находки: Енисейская губерния, Минусинский уезд. Поступил до 1917 г.

Инвентарный номер: MKM A ОФ-7204

55. Arrowhead

Bronze, cast, 67×15mm

Findspot: Minusinsk, Krasnoyarsk

Acquisition date and method: before 1917

Inventory No. MKM A ОФ-7204

56. 刀

青铜，铸造。190×25 毫米

发现地点：克拉斯诺亚尔斯克边疆区，米努辛斯克地区，马里亚索沃村

入馆时间及方式：1900 年，捐赠

编号：MKM A ОФ-1320

56. Нож

Бронза, литье. 190×25мм

Место, дата и автор находки: Енисейская губерния, Минусинский уезд, с. Марьясово. Поступил в дар в 1900 г.

Инвентарный номер: MKM A ОФ-1320

56. Knife

Bronze, cast, 190×25mm

Findspot: Maryasovo, Minusinsk, Krasnoyarsk

Acquisition date and method: donated in 1900

Inventory No. MKM A ОФ-1320

57. 刀

青铜，铸造。250×34 毫米

发现地点：克拉斯诺亚尔斯克边疆区，米努辛斯克地区，克里瓦亚村

入馆时间及方式：1977 年，P. M. 奥格涅夫捐赠

编号：MKM A ОФ-10010/1

57. Нож

Бронза, литье. 250×34 мм

Место, дата и автор находки: Красноярский край, Минусинский район, д. Кривая. Поступил в дар в 1977 г. от П. М. Огнева

Инвентарный номер: MKM A ОФ-10010/1

57. Knife

Bronze, cast, 250×34mm

Findspot: Krivaya, Minusinsk, Krasnoyarsk

Acquisition date and method: donated by P. M. Ognev in 1977

Inventory No. MKM A ОФ-10010/1

58. 刀

青铜，铸造。254×30 毫米

发现地点：克拉斯诺亚尔斯克边疆区，米努辛斯克地区，克拉斯内 – 亚尔村

入馆时间及方式：1900 年，捐赠

编号：MKM A ОФ-1312

58. Нож

Бронза, литье. 254×30 мм

Место, дата и автор находки: Енисейская губерния, Минусинский уезд, улус Красный яр. Поступил в дар в 1900 г.

Инвентарный номер: MKM A ОФ-1312

58. Knife

Bronze, cast, 254×30mm

Findspot: Krasny-Yar, Minusinsk, Krasnoyarsk

Acquisition date and method: donated in 1900

Inventory No. MKM A ОФ-1312

59. 刀

青铜，铸造。167×28 毫米

发现地点：克拉斯诺亚尔斯克边疆区，米努辛斯克地区，诺沃肖洛夫区，阿耶什卡村

入馆时间及方式：1904 年之前入馆，捐赠

编号：MKM A ОФ-1358

59. Нож

Бронза, литье. 167×28 мм

Место, дата и автор находки: Енисейская губерния, Минусинский уезд, Новосёловская волость, д. Аешка. Поступил в дар в 1904 г.

Инвентарный номер: MKM A ОФ-1358

59. Knife

Bronze, cast, 167×28mm

Findspot: Aeshka, Novoselovskaya, Minusinsk, Krasnoyarsk

Acquisition date and method: donated before 1904

Inventory No. MKM A ОФ-1358

60. 刀

青铜，铸造。151×22 毫米

发现地点：克拉斯诺亚尔斯克边疆区，米努辛斯克市，比贾街

入馆时间及方式：1917 年之前入馆

编号：МКМ А ОФ-1336

60. Нож

Бронза, литье. 151×22 мм

Место, дата и автор находки: Енисейская губерния, Минусинский уезд, ул. Бидж. Поступил до 1917 г.

Инвентарный номер: МКМ А ОФ-1336

60. Knife

Bronze, cast, 151×22mm

Findspot: Bigja Street, Minusinsk, Krasnoyarsk

Acquisition date and method: before 1917

Inventory No. МКМ А ОФ-1336

61. 刀

青铜，铸造。112×18 毫米

发现地点：克拉斯诺亚尔斯克边疆区，米努辛斯克地区，乌特村

入馆时间及方式：1917 年之前入馆

编号：МКМ А ОФ-1344

61. Нож

Бронза, литье. 112×18 мм

Место, дата и автор находки: Енисейская губерния, Минусинский уезд, д. Уты. Поступил до 1917 г.

Инвентарный номер: МКМ А ОФ-1344

61. Knife

Bronze, cast, 112×18mm

Findspot: Uti, Minusinsk, Krasnoyarsk

Acquisition date and method: before 1917

Inventory No. МКМ А ОФ-1344

62. 刀

青铜，铸造。168×25 毫米

发现地点：克拉斯诺亚尔斯克边疆区，米努辛斯克地区，别伊斯卡亚州，卡利斯卡亚村

入馆时间及方式：1917 年之前入馆

编号：МКМ А ОФ-1342

62. Нож

Бронза, литье. 168×25 мм

Место, дата и автор находки: Енисейская губерния, Минусинский уезд, Бейская волость, д. Кальская (Калы). Поступил до 1917 г.

Инвентарный номер: МКМ А ОФ-1342

62. Knife

Bronze, cast, 168×25mm

Findspot: Kalskaya (Kaly), Beyskaya, Minusinsk, Krasnoyarsk

Acquisition date and method: before 1917

Inventory No. МКМ А ОФ-1342

63. 刀

青铜，铸造。236×33 毫米

发现地点：克拉斯诺亚尔斯克边疆区，米努辛斯克地区，兹纳缅区，巴坚尼村

入馆时间及方式：1917 年之前入馆

编号：МКМ А ОФ-1414

63. Нож

Бронза, литье. 236×33 мм

Место, дата и автор находки: Енисейская губерния, Минусинский уезд, Знаменская волость, с. Батени. Поступил до 1917 г.

Инвентарный номер: МКМ А ОФ-1414

63. Knife

Bronze, cast, 236×33mm

Findspot: Bateni, Znamenskaya, Minusinsk, Krasnoyarsk

Acquisition date and method: before 1917

Inventory No. МКМ А ОФ-1414

64. 刀

青铜，铸造。185×26 毫米

发现地点：克拉斯诺亚尔斯克边疆区，米努辛斯克地区，伊德林区，伊德拉村

入馆时间及方式：1917 年之前入馆

编号：МКМ А ОФ-1335

64. Нож

Бронза, литье. 185×26 мм

Место, дата и автор находки: Енисейская губ. , Минусинский уезд, Идринская волость, Идра с. Поступил до 1917 г.

Инвентарный номер: МКМ А ОФ-1335

64. Knife

Bronze, cast, 185×26mm

Findspot: Idra, Idrinskaya, Minusinsk, Krasnoyarsk

Acquisition date and method: before 1917

Inventory No. МКМ А ОФ-1335

65. 刀

青铜，铸造。338×40 毫米

发现地点：克拉斯诺亚尔斯克边疆区，米努辛斯克地区，叶尔马科夫区，韦勒赫尼－苏埃图克村

入馆时间及方式：1904 年之前入馆，捐赠

编号：МКМ А ОФ-1464

65. Нож

Бронза, литье. 338×40 мм

Место, дата и автор находки: Енисейская губерния, Минусинский уезд, Ермаковская волость, д. Верхний Суэтук. Поступил в дар в 1904 г.

Инвентарный номер: МКМ А ОФ-1464

65. Knife

Bronze, cast, 338×40mm

Findspot: Verkhniy-Suetuk, Yermakovskaya, Minusinsk, Krasnoyarsk

Acquisition date and method: donated before 1904

Inventory No. МКМ А ОФ-1464

66. 刀

青铜，铸造。279×30 毫米

发现地点：克拉斯诺亚尔斯克边疆区，米努辛斯克地区，沙拉博林区，沙拉博林斯科耶村

入馆时间及方式：1917 年之前入馆

编号：MKM A ОФ-1410

66. Нож

Бронза, литье. 279 ×30 мм

Место, дата и автор находки: Енисейская губерния, Минусинский уезд, Шалаболинская волость, с. Шалаболинское. Поступил до 1917 г.

Инвентарный номер: MKM A ОФ-1410

66. Knife

Bronze, cast, 279×30mm

Findspot: Shalabolinskoye, Shalabolinskaya, Minusinsk, Krasnoyarsk

Acquisition date and method: before 1917

Inventory No. MKM A ОФ-1410

67. 刀

青铜，铸造。292×47 毫米

发现地点：克拉斯诺亚尔斯克边疆区，米努辛斯克地区，马洛－米努辛斯克区，波特罗希洛瓦村

入馆时间及方式：1904 年之前入馆，捐赠

编号：MKM A ОФ-1465

67. Нож

Бронза, литье. 292×47 мм

Место, дата и автор находки: Енисейская губерния, Минусинский уезд, Мало-Минусинская волость, д. Потрошилова. Поступил в дар в 1904 г.

Инвентарный номер: MKM A ОФ-1465

67. Knife

Bronze, cast, 292×47mm

Findspot: Potroshilova, Malo-Minusinskaya, Minusinsk, Krasnoyarsk

Acquisition date and method: donated before 1904

Inventory No. MKM A ОФ-1465

68. 刀

青铜，铸造。254×30 毫米

发现地点：克拉斯诺亚尔斯克边疆区，米努辛斯克地区，马里亚索沃村

入馆时间及方式：1904 年之前入馆，捐赠

编号：MKM A ОФ-1468

68. Нож

Бронза, литье. 254×30 мм

Место, дата и автор находки: Енисейская губерния, Минусинский уезд, с. Марьясово. Поступил в дар в 1904 г.

Инвентарный номер: MKM A ОФ-1468

68. Knife

Bronze, cast, 254×30mm

Findspot: Maryasovo, Minusinsk, Krasnoyarsk

Acquisition date and method: donated before 1904

Inventory No. MKM A ОФ-1468

69. 刀

青铜，铸造。60×10 毫米

发现地点：克拉斯诺亚尔斯克边疆区，米努辛斯克地区，克里瓦亚村

入馆时间及方式：1977 年，P. M. 奥格涅夫捐赠

编号：MKM A ОФ-10010/3

69. Нож

Бронза, литье. 60×10 мм

Место, дата и автор находки: Красноярский край, Минусинский район, д. Кривая. Поступил в дар в 1977 г. от П. М. Огнева

Инвентарный номер: MKM A ОФ-10010/3

69. Knife

Bronze, cast, 60×10mm

Findspot: Krivaya, Minusinsk, Krasnoyarsk

Acquisition date and method: donated by P. M. Ognev in 1977

Inventory No. MKM A ОФ-10010/3

70. 刀

青铜，铸造。117×15 毫米

发现地点：克拉斯诺亚尔斯克边疆区，米努辛斯克地区，阿斯克兹区，阿斯克兹斯科耶村

入馆时间及方式：1904 年之前入馆，捐赠

编号：MKM A ОФ-1441

70. Нож

Бронза, литье. 117×15 мм

Место, дата и автор находки: Енисейская губерния, Минусинский уезд, Аскызская волость, с. Аскызское (Аскизское). Поступил в дар в 1904 г.

Инвентарный номер: MKM A ОФ-1441

70. Knife

Bronze, cast, 117×15mm

Findspot: Askyzskoye (Askizskoye), Askyzskaya, Minusinsk, Krasnoyarsk

Acquisition date and method: donated before 1904

Inventory No. MKM A ОФ-1441

71. 刀

青铜，铸造。168×28 毫米

发现地点：克拉斯诺亚尔斯克边疆区，米努辛斯克地区周边

入馆时间及方式：1904 年之前入馆，捐赠

编号：MKM A ОФ-1370

71. Нож

Бронза, литье. 168×28 мм

Место, дата и автор находки: Енисейская губерния, Минусинский уезд. Поступил в дар в 1904 г.

Инвентарный номер: MKM A ОФ-1370

71. Knife

Bronze, cast, 168×28mm

Findspot: Minusinsk, Krasnoyarsk

Acquisition date and method: donated before 1904

Inventory No. MKM A ОФ-1370

72. 刀

青铜，铸造。204 × 34 毫米

发现地点：克拉斯诺亚尔斯克边疆区，米努辛斯克地区，乌斯季 – 阿巴坎区，维巴特村

入馆时间及方式：1904 年之前入馆，捐赠

编号：МКМ А ОФ-1368

72. Нож

Бронза, литье. 204×34 мм

Место, дата и автор находки: Енисейская губерния, Минусинский уезд, Усть-Абаканская волость, с. Уйбат. Поступил в дар в 1904 г.

Инвентарный номер: МКМ А ОФ-1368

72. Knife

Bronze, cast, 204×34mm

Findspot: Uybat, Ust-Abakan, Minusinsk, Krasnoyarsk

Acquisition date and method: donated before 1904

Inventory No. МКМ А ОФ-1368

73. 刀

青铜，铸造。133 × 18 毫米

发现地点：克拉斯诺亚尔斯克边疆区，米努辛斯克地区，卡普特列夫区，顺涅雷村

入馆时间及方式：1917 年之前入馆

编号：МКМ А ОФ-1371

73. Нож

Бронза, литье. 133×18 мм

Место, дата и автор находки: Енисейская губерния, Минусинский уезд, Каптыревская волость, с. Шунерское (Шунеры). Поступил до 1917 г.

Инвентарный номер: МКМ А ОФ-1371

73. Knife

Bronze, cast, 133×18mm

Findspot: Shunery (formerly Shunerskoye), Kaptyrevskaya, Minusinsk, Krasnoyarsk

Acquisition date and method: before 1917

Inventory No. МКМ А ОФ-1371

74. 刀

青铜，铸造。187 × 26 毫米

发现地点：克拉斯诺亚尔斯克边疆区，米努辛斯克地区，孔内金诺村

入馆时间及方式：1917 年之前入馆

编号：МКМ А ОФ-1694/1

74. Нож

Бронза, литье. 187×26 мм

Место, дата и автор находки: Енисейская губерния, Минусинский (с 1898 г.) уезд, д. Коныгино. Поступил до 1917 г.

Инвентарный номер: МКМ А ОФ-1694/1

74. Knife

Bronze, cast, 187×26mm

Findspot: Konygino, Minusinsk, Krasnoyarsk

Acquisition date and method: before 1917

Inventory No. МКМ А ОФ-1694/1

75. 刀

青铜，铸造。185 × 20 毫米

发现地点：克拉斯诺亚尔斯克边疆区，米努辛斯克地区，科切尔金区，马拉亚 – 因尼亚村

入馆时间及方式：1917 年之前入馆

编号：МКМ А ОФ-1755

75. Нож

Бронза, литье. 185×20 мм

Место, дата и автор находки: Енисейская губерния, Минусинский уезд, Кочергинская волость, д. Малая Иня. Поступил до 1917 г.

Инвентарный номер: МКМ А ОФ-1755

75. Knife

Bronze, cast, 185×20mm

Findspot: Malaya-Inya, Kocherginskaya, Minusinsk, Krasnoyarsk

Acquisition date and method: before 1917

Inventory No. МКМ А ОФ-1755

76. 刀

青铜，铸造。272 × 21 毫米

发现地点：克拉斯诺亚尔斯克边疆区，米努辛斯克地区，别尔雷克区，别尔雷克村

入馆时间及方式：1904 年之前入馆，捐赠

编号：МКМ А ОФ-1467

76. Нож

Бронза, литье. 272×21 мм

Место, дата и автор находки: Енисейская губерния, Минусинский уезд, Беллыкская волость, с. Беллык. Поступил в дар в 1904 г.

Инвентарный номер: МКМ А ОФ-1467

76. Knife

Bronze, cast, 272×21mm

Findspot: Bellyk, Bellykskaya, Minusinsk, Krasnoyarsk

Acquisition date and method: donated before 1904

Inventory No. МКМ А ОФ-1467

77. 刀

青铜，铸造。262 × 24 毫米

发现地点：克拉斯诺亚尔斯克边疆区，米努辛斯克地区，阿斯克兹区，乌斯季 – 叶辛斯科耶村

入馆时间及方式：1917 年之前入馆

编号：МКМ А ОФ-1719

77. Нож

Бронза, литье. 262×24 мм

Место, дата и автор находки: Енисейская губерния, Минусинский уезд, Аскызская волость, с. Усть-Есинское. Поступил до 1917 г.

Инвентарный номер: МКМ А ОФ-1719

77. Knife

Bronze, cast, 262×24mm

Findspot: Ust-Yesinskoye, Askyzskaya, Minusinsk, Krasnoyarsk

Acquisition date and method: before 1917

Inventory No. МКМ А ОФ-1719

Inventory No. МКМ А ОФ-1694/1

78. 刀

青铜，铸造。243×25 毫米

发现地点：克拉斯诺亚尔斯克边疆区，米努辛斯克地区周边

入馆时间及方式：1917 年之前入馆

编号：MKM A ОФ-1820

78. Нож

Бронза, литье. 243×25 мм

Место, дата и автор находки: Енисейская губерния, Минусинский уезд. Поступил до 1917 г.

Инвентарный номер: МКМ А ОФ-1820

78. Knife

Bronze, cast, 243×25mm

Findspot: Minusinsk, Krasnoyarsk

Acquisition date and method: before 1917

Inventory No. MKM A ОФ-1820

79. 锛

青铜，铸造。94×43 毫米。重 195 克

发现地点：克拉斯诺亚尔斯克边疆区，米努辛斯克地区，阿巴坎区，布尊诺瓦村

入馆时间及方式：1911 年入馆

编号：MKM A ОФ-428

79. Тесло

Бронза, литье. 94×43 мм. вес 195 г.

Место, дата и автор находки: Енисейская губерния, Минусинский уезд, Абаканская волость, д. Бузунова. Поступил в 1911 г.

Инвентарный номер: МКМ А ОФ-428

79. Adze

Bronze, cast, 94×43mm, weight 195g

Findspot: Buzunova, Abakan, Minusinsk, Krasnoyarsk

Acquisition date and method: 1911

Inventory No. MKM A ОФ-428

80. 锛

青铜，铸造。85×47 毫米，重 187 克

发现地点：克拉斯诺亚尔斯克边疆区，米努辛斯克地区周边

入馆时间及方式：1917 年之前入馆

编号：MKM A ОФ-266

80. Тесло

Бронза, литье. 85×47 мм. вес 187г.

Место, дата и автор находки: Енисейская губерния, Минусинский уезд. Поступил до 1917 г.

Инвентарный номер: МКМ А ОФ-266

80. Adze

Bronze, cast, 85×47mm, weight 187g

Findspot: Minusinsk, Krasnoyarsk

Acquisition date and method: before 1917

Inventory No. MKM A ОФ-266

81. 锛

青铜，铸造。85×40 毫米，重 189 克

发现地点：克拉斯诺亚尔斯克边疆区，米努辛斯克地区，别伊斯卡亚州，别伊斯科耶村

入馆时间及方式：1917 年之前入馆

编号：MKM A ОФ-265

81. Тесло клиновидное

Бронза, литье. 85×40 мм. вес 189 г.

Место, дата и автор находки: Енисейская губерния, Минусинский уезд, Бейская волость, с. Бейское. Поступил до 1917 г.

Инвентарный номер: МКМ А ОФ-265

81. Adze

Bronze, cast, 85×40mm, weight 189g

Findspot: Beyskoe, Beyskaya, Minusinsk, Krasnoyarsk

Acquisition date and method: before 1917

Inventory No. MKM A ОФ-265

82. 斧形器

青铜，铸造。147×103 毫米，重 827 克

发现地点：克拉斯诺亚尔斯克边疆区，米努辛斯克地区，乌辛斯科耶村

入馆时间及方式：1917 年之前入馆

编号：MKM A ОФ-676

82. Кельт

Бронза, литье. 147×103 мм. вес 827 г.

Место, дата и автор находки: Енисейская губерния, Минусинский уезд, с. Усинское. Поступил до 1917 г.

Инвентарный номер: МКМ А ОФ-676

82. Socketed axe

Bronze, cast, 147×103mm, weight 827g

Findspot: Usinskoye, Minusinsk, Krasnoyarsk

Acquisition date and method: before 1917

Inventory No. MKM A ОФ-676

83. 斧

青铜，铸造。131×63 毫米，重 376 克

发现地点：克拉斯诺亚尔斯克边疆区，米努辛斯克地区，诺沃肖洛夫区，斯韦特洛洛博瓦村

入馆时间及方式：1917 年之前入馆

编号：MKM A ОФ-5

83. Кельт

Бронза, литье. 131×63 мм. вес 376 г.

Место, дата и автор находки: Енисейская губерния, Минусинский уезд, Новосёловская волость, д. Светлолобова. Поступил до 1917 г.

Инвентарный номер: МКМ А ОФ-5

83. Socketed axe

Bronze, cast, 131×63mm, weight 376g

Findspot: Svetlolobova, Novosyolovskaya, Minusinsk, Krasnoyarsk

Acquisition date and method: before 1917

Inventory No. MKM A ОФ-5

84. 斧

青铜，铸造。117×52 毫米，重 197 克

发现地点：克拉斯诺亚尔斯克边疆区，米努辛斯克地区，别尔雷克区，贝斯卡尔村

入馆时间及方式：1917 年之前入馆

编号：MKM A ОФ-168

84. Кельт

Бронза, литье. 117×52 мм. вес 197 г.

Место, дата и автор находки: Енисейская губерния, Минусинский уезд, Беллыкская волость, д. Быскар. Поступил до 1917 г.

Инвентарный номер: MKM A ОФ-168

84. Socketed axe

Bronze, cast, 117×52mm, weight 197g

Findspot: Byskar, Bellykskaya, Minusinsk, Krasnoyarsk

Acquisition date and method: before 1917

Inventory No. MKM A ОФ-168

85. 斧

青铜，铸造。152×79 毫米，重 859 克

发现地点：克拉斯诺亚尔斯克边疆区，米努辛斯克地区，别尔雷克区，别尔雷克村

入馆时间及方式：1917 年之前入馆

编号：MKM A ОФ-2

85. Кельт

Бронза, литье. 152×79 мм. вес 859 г.

Место, дата и автор находки: Енисейская губерния, Минусинский уезд, Беллыкская волость, с. Беллык. Поступил до 1917 г.

Инвентарный номер: MKM A ОФ-2

85. Socketed axe

Bronze, cast, 152×79mm, weight 859g

Findspot: Bellyk, Bellykskaya, Minusinsk, Krasnoyarsk

Acquisition date and method: before 1917

Inventory No. MKM A ОФ-2

86. 斧

青铜，铸造。128×85 毫米，重 733 克

发现地点：克拉斯诺亚尔斯克边疆区，米努辛斯克地区，乔亚河（阿巴坎河左侧支流）

入馆时间及方式：1889 年，P. 西林捐赠

编号：MKM A ОФ-1

86. Кельт

Бронза, литье. 128×85 мм. вес 733 г.

Место, дата и автор находки: Енисейская губерния, Минусинский уезд, река Тея, левый приток реки Абакан. Поступил в дар от Силина П. в 1889 г.

Инвентарный номер: MKM A ОФ-1

86. Socketed axe

Bronze, cast, 128×85mm, weight 733g

Findspot: Teya River, Minusinsk, Krasnoyarsk

Acquisition date and method: donated by P. Silin in 1889

Inventory No. MKM A ОФ-1

87. 镰

青铜，铸造。148×40 毫米

发现地点：克拉斯诺亚尔斯克边疆区，米努辛斯克地区，卡普特列夫区，萨扬卡村

入馆时间及方式：1917 年，捐赠

编号：MKM A ОФ-1610

87. Серп

Бронза, литье. 148×40 мм

Место, дата и автор находки: Енисейская губерния, Минусинский уезд, Каптыревская волость, д. Саянка (Саянская). Поступил в дар до 1917 г.

Инвентарный номер: MKM A ОФ-1610

87. Sickle

Bronze, cast, 148×40mm

Findspot: Sayanskaya (formerly Sayanka), Kaptyrevskaya, Minusinsk, Krasnoyarsk

Acquisition date and method: donated in 1917

Inventory No. MKM A ОФ-1610

88. 镰

青铜，铸造。209×50 毫米

发现地点：克拉斯诺亚尔斯克边疆区，米努辛斯克地区，别伊斯卡亚州，奥兹纳琴纳亚村

入馆时间及方式：1917 年，捐赠

编号：MKM A ОФ-1696

88. Серп

Бронза, литье. 209×50 мм

Место, дата и автор находки: Енисейская губерния, Минусинский уезд, Бейская волость, д. Означенная. Поступил в дар в 1917 г.

Инвентарный номер: MKM A ОФ-1696

88. Sickle

Bronze, cast, 209×50mm

Findspot: Oznachennaya, Beyskaya, Minusinsk, Krasnoyarsk

Acquisition date and method: donated in 1917

Inventory No. MKM A ОФ-1696

89. 镰

青铜，铸造。192×55 毫米

发现地点：克拉斯诺亚尔斯克边疆区，米努辛斯克地区，卢加夫区，卢加夫斯科耶村

入馆时间及方式：1917 年，捐赠

编号：MKM A ОФ-1684

89. Серп

Бронза, литье. 192×55 мм

Место, дата и автор находки: Енисейская губерния, Минусинский уезд, Лугавская волость, с. Лугавское. Поступил в дар в 1917 г.

Инвентарный номер: MKM A ОФ-1684

89. Sickle

Bronze, cast, 192×55mm

Findspot: Lugavskoye, Lugavskaya, Minusinsk, Krasnoyarsk

Acquisition date and method: donated in 1917

Inventory No. MKM A ОФ-1684

90. 镰范

砂岩。245×100 毫米

发现地点：克拉斯诺亚尔斯克边疆区，米努辛斯克地区，卢加夫区，沃斯托奇诺耶村

入馆时间及方式：1974 年，V. L. 瓦维连科捐赠

编号：MKM A OФ-10009/16

90. Створка формы для отливки серпа

Песчаник. 245×100 мм

Место, дата и автор находки: Красноярский край, Минусинский район, с. Восточное. Поступил в 1974 г. Сборы В. Л. Вавиленко

Инвентарный номер: MKM A OФ-10009/16

90. Sickle mould

Sandstone, 245×100mm

Findspot: VostochNoye, Minusinsk, Krasnoyarsk

Acquisition date and method: donated by V. L. Vavylenko in 1974

Inventory No. MKM A OФ-10009/16

91. 管

青铜。90×10 毫米

发现地点：克拉斯诺亚尔斯克边疆区，米努辛斯克地区，卢加夫斯科耶村。卢加夫斯科耶 3 号墓地，8 号库尔干，1 号墓

入馆时间及方式：1972 年，N. V. 列昂季夫发掘

编号：MKM A OФ-9999/50

91. Пронизка

Бронза. 90×10 мм

Место, дата и автор находки: Красноярский край, Минусинский район, с. Лугавское. Могильник Лугавское 3, курган 8, могила 1. Поступил в 1972 г. Раскопки Н. В. Леонтьева

Инвентарный номер: MKM A OФ-9999/50

91. Tube

Bronze, cast, 90×10mm

Findspot: Burial No. 1, Kurgan No. 8, Lugavskoye Cemetery No. 3, Lugavskoye, Minusinsk, Krasnoyarsk

Acquisition date and method: excavated by N. V. Leontyev in 1972

Inventory No. MKM A OФ-9999/50

92. 管

青铜。60×9 毫米

发现地点：克拉斯诺亚尔斯克边疆区，米努辛斯克地区。塔加尔斯基岛 4 号墓地，62 号墓

入馆时间及方式：1971 年，N. V. 列昂季夫发掘

编号：MKM A OФ-9991/229

92. Пронизка

Бронза. 60×9 мм

Место, дата и автор находки: Красноярский край, г. Минусинск. Могильник Тагарский остров 4, могила 62. Поступил в 1971 г. Раскопки Н. В. Леонтьева

Инвентарный номер: MKM A OФ-9991/229

92. Tube

Bronze, cast, 60×9mm

Findspot: Burial No. 62, Tagalski Island Cemetery No. 4, Minusinsk,

---

Krasnoyarsk

Acquisition date and method: excavated by N. V. Leontyev in 1971

Inventory No. MKM A OФ-9991/229

93. 弓形器

青铜，铸造。346×37 毫米

发现地点：克拉斯诺亚尔斯克边疆区，米努辛斯克地区，米努辛斯克市

入馆时间及方式：1928 年，捐赠

编号：MKM A OФ-9376

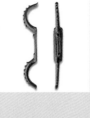

93. Пряжка колесничего (ПНН)

Бронза, литье. 346×37 мм

Место, дата и автор находки: Енисейская губерния, Минусинский уезд, г. Минусинск. Поступил в дар в 1928 г.

Инвентарный номер: MKM A OФ-9376

93. Bow-shaped object

Bronze, cast, 346×37mm

Findspot: Minusinsk, Minusinskiy, Krasnoyarsk

Acquisition date and method: donated in 1928

Inventory No. MKM A OФ-9376

94. 弓形器

青铜，铸造。275×24 毫米

发现地点：克拉斯诺亚尔斯克边疆区，米努辛斯克地区周边

入馆时间及方式：1877–1904 年期间，捐赠

编号：MKM A OФ-9370

94. Пряжка колесничего (ПНН)

Бронза, литье. 275×24 мм

Место, дата и автор находки: Енисейская губерния, Минусинский уезд. Поступил в дар в 1877-1904 гг.

Инвентарный номер: MKM A OФ-9370

94. Bow-shaped object

Bronze, cast, 275×24mm

Findspot: Minusinsk, Krasnoyarsk

Acquisition date and method: donated between 1877 and 1904

Inventory No. MKM A OФ-9370

95. 弓形器

青铜，铸造。347×38 毫米

发现地点：克拉斯诺亚尔斯克边疆区，米努辛斯克地区，塔什特普区，塔什特普村

入馆时间及方式：1928 年，捐赠

编号：MKM A OФ-9375

95. Пряжка колесничего (ПНН)

Бронза, литье. 347×38 мм

Место, дата и автор находки: Енисейская губерния, Минусинский уезд, Таштыпская волость, с. Таштып. Поступил в дар в 1928 г.

Инвентарный номер: MKM A OФ-9375

95. Bow-shaped object

Bronze, cast, 347×38mm

Findspot: Tashtyp, Tashtypskaya, Minusinsk, Krasnoyarsk

Acquisition date and method: donated in 1928
Inventory No. МКМ А ОФ-9375

96. 镜
青铜，铸造。直径 60 毫米
发现地点：克拉斯诺亚尔斯克边疆区，米努辛斯
克地区，卢加夫斯科耶村。卢加夫斯科耶 3 号墓
地，6 号库尔干，1 号墓
入馆时间及方式：1972 年，N. V. 列昂季夫发掘
编号：МКМ А ОФ-9999/20

96. Зеркало
Бронза. Диаметр 60 мм
Место, дата и автор находки: Красноярский край, Минусинский район, с. Лугавское. Могильник Лугавское 3, курган 6, могила 1. Поступил в 1972 г. Раскопки Н. В. Леонтьева
Инвентарный номер: МКМ А ОФ-9999/20

96. Mirror
Bronze, cast, diameter 60mm
Findspot: Burial No. 1, Kurgan No. 6, Lugavskoye Cemetery No. 3, Lugavskoye, Minusinsk, Krasnoyarsk
Acquisition date and method: excavated by N. V. Leontyev in 1972
Inventory No. МКМ А ОФ-9999/20

97. 镜
青铜，铸造。直径 59 毫米
发现地点：克拉斯诺亚尔斯克边疆区，米努辛斯
克地区，卢加夫斯科耶村。卢加夫斯科耶 3 号墓
地，7 号库尔干，1 号墓
入馆时间及方式：1972 年，N. V. 列昂季夫发掘
编号：МКМ А ОФ-9999/22

97. Зеркало
Бронза. Диаметр 59 мм
Место, дата и автор находки: Красноярский край, Минусинский район, с. Лугавское. Могильник Лугавское 3, курган 7, могила 1. Поступил в 1972 г. Раскопки Н. В. Леонтьева
Инвентарный номер: МКМ А ОФ-9999/22

97. Mirror
Bronze, cast, diameter 59mm
Findspot: Burial No. 1, Kurgan No. 7, Lugavskoye No. 3 Cemetery, Lugavskoye, Minusinsk, Krasnoyarsk
Acquisition date and method: excavated by N. V. Leontyev in 1972
Inventory No. МКМ А ОФ-9999/22

98. 臂钏
青铜，铸造。59 × 69 毫米
发现地点：克拉斯诺亚尔斯克边疆区，米努辛斯
克地区，阿斯克兹区，阿斯克兹斯科耶（阿斯基
兹斯科耶）村
入馆时间及方式：1904 年之前入馆，捐赠
编号：МКМ А ОФ-8588

98. Браслет ручной
Бронза, литье. 59×69 мм

Место, дата и автор находки: Енисейская губерния, Минусинский уезд, Аскызская волость, с. Аскызское (Аскизское). Поступил в дар в 1904 г.
Инвентарный номер: МКМ А ОФ-8588

98. Bracelet
Bronze, cast, 59×69mm
Findspot: Askizskoye (formerly Askyzskoye), Askyzskaya, Minusinsk, Krasnoyarsk
Acquisition date and method: donated before 1904
Inventory No. МКМ А ОФ-8588

99. 臂钏
青铜，铸造。64 × 55 毫米
发现地点：克拉斯诺亚尔斯克边疆区，米努辛斯
克地区，兹纳缅区，巴坚尼村
入馆时间及方式：1904 年之前入馆，捐赠
编号：МКМ А ОФ-8585

99. Браслет
Бронза, литье. 64×55 мм
Место, дата и автор находки: Енисейская губерния, Минусинский уезд, Знаменская волость, с. Батени. Поступил в дар в 1904 г.
Инвентарный номер: МКМ А ОФ-8585

99. Bracelet
Bronze, cast, 64×55mm
Findspot: Bateni, Znamenskaya, Minusinsk, Krasnoyarsk
Acquisition date and method: donated before 1904
Inventory No. МКМ А ОФ-8585

100. 勺形饰
青铜，铸造。97 × 22 毫米
发现地点：克拉斯诺亚尔斯克边疆区，米努辛斯
克地区，别伊斯卡亚州，塔巴特村
入馆时间及方式：1917 年之前入馆
编号：МКМ А ОФ-9996/2

100. Привеска ложечковидная
Бронза, литье. 97×22 мм
Место, дата и автор находки: Енисейская губерния, Минусинский уезд, Бейская волость, с. Табат. Поступил до 1917 г.
Инвентарный номер: МКМ А ОФ-9996/2

100. Spoon-shaped ornament
Bronze, cast, 97×22mm
Findspot: Tabat, Beyskaya, Minusinsk, Krasnoyarsk
Acquisition date and method: before 1917
Inventory No. МКМ А ОФ-9996/2

101. 勺形饰
青铜，铸造。73 × 22 毫米
发现地点：克拉斯诺亚尔斯克边疆区，米努辛斯
克地区，克柳奇村
入馆时间及方式：1917 年之前入馆
编号：МКМ А ОФ-9996/1

101. Привеска ложечковидная

Бронза. 73×22 мм

Место, дата и автор находки: Енисейская губерния, Минусинский уезд, с. Ключи. Поступил до 1917 г.

Инвентарный номер: МКМ А ОФ-9996/1

101. Spoon-shaped ornament

Bronze, cast, 73×22mm

Findspot: Klyuchi, Minusinsk, Krasnoyarsk

Acquisition date and method: before 1917

Inventory No. МКМ А ОФ-9996/1

102. 蹼形饰

青铜，铸造。41×16 毫米

发现地点：克拉斯诺亚尔斯克边疆区，米努辛斯克地区。塔加尔斯基岛 4 号墓地，15 号墓

入馆时间及方式：1971 年，N. V. 列昂季夫发掘

编号：МКМ А ОФ-9991/33

102. Подвеска

Бронза, литье. 41×16 мм

Место, дата и автор находки: Красноярский край, г. Минусинск. Могильник Тагарский остров 4, могила 15. Поступил в 1971 г. Раскопки Н. В. Леонтьева

Инвентарный номер: МКМ А ОФ-9991/33

102. Ornament

Bronze, cast, 41×16mm

Findspot: Burial No. 15, Tagalski Island Cemetery No. 4, Minusinsk, Krasnoyarsk

Acquisition date and method: excavated by N. V. Leontyev in 1971

Inventory No. МКМ А ОФ-9991/33

103. 蹼形饰

青铜，铸造。45×14 毫米

发现地点：克拉斯诺亚尔斯克边疆区，米努辛斯克地区，别尔雷克区，别尔雷克村

入馆时间及方式：1904 年之前入馆，捐赠

编号：МКМ А ОФ-8653

103. Подвеска

Бронза, литье. 45×14 мм

Место, дата и автор находки: Енисейская губерния, Минусинский уезд, Беллыкская волость, с. Беллык. Поступил в дар в 1904 г.

Инвентарный номер: МКМ А ОФ-8653

103. Ornament

Bronze, cast, 45×14mm

Findspot: Bellyk, Bellykskaya, Minusinsk, Krasnoyarsk

Acquisition date and method: donated before 1904

Inventory No. МКМ А ОФ-8653

104. 蹼形饰

青铜，铸造。40×20 毫米

发现地点：克拉斯诺亚尔斯克边疆区，米努辛斯克地区，阿斯克兹区，阿斯克兹斯科耶村

入馆时间及方式：1904 年之前入馆，捐赠

编号：МКМ А ОФ-8656

104. Подвеска

Бронза, литье. 40×20 мм

Место, дата и автор находки: Енисейская губерния, Минусинский уезд, Аскызская волость, с. Аскызское (Аскизское). Поступил в дар в 1904 г.

Инвентарный номер: МКМ А ОФ-8656

104. Ornament

Bronze, cast, 40×20mm

Findspot: Askizskoye (formerly Askyzskoye), Askyzskaya, Minusinsk, Krasnoyarsk

Acquisition date and method: donated before 1904

Inventory No. МКМ А ОФ-8656

105. 蹼形饰

青铜，铸造。40×15 毫米

发现地点：克拉斯诺亚尔斯克边疆区，米努辛斯克地区，别尔雷克区，别尔雷克村

入馆时间及方式：1904 年之前入馆，捐赠

编号：МКМ А ОФ-8652

105. Подвеска

Бронза, литье. 40×15 мм

Место, дата и автор находки: Енисейская губерния, Минусинский уезд, Беллыкская волость, с. Беллык. Поступил в дар в 1904 г.

Инвентарный номер: МКМ А ОФ-8652

105. Ornament

Bronze, cast, 40×15mm

Findspot: Bellyk, Bellykskaya, Minusinsk, Krasnoyarsk

Acquisition date and method: donated before 1904

Inventory No. МКМ А ОФ-8652

106. 蹼形饰

青铜，铸造。45×15 毫米

发现地点：克拉斯诺亚尔斯克边疆区，米努辛斯克地区。塔加尔斯基岛 4 号墓地，12 号墓

入馆时间及方式：1971 年，N. V. 列昂季夫发掘

编号：МКМ А ОФ-9991/16

106. Подвеска

Бронза, литье. 45×15 мм

Место, дата и автор находки: Красноярский край, г. Минусинск. Могильник Тагарский остров 4, могила 12. Поступил в 1971 г. Раскопки Н. В. Леонтьева

Инвентарный номер: МКМ А ОФ-9991/16

106. Ornament

Bronze, cast. 45×15mm

Findspot: Burial No. 12, Tagalski Island Cemetery No. 4, Minusinsk, Krasnoyarsk

Acquisition date and method: excavated by N. V. Leontyev in 1971

Inventory No. МКМ А ОФ-9991/16

107. 蹼形饰

青铜，铸造。45×20 毫米

发现地点：克拉斯诺亚尔斯克边疆区，米努辛斯克地区，叶尔马科夫区，

尼日尼 - 苏埃图克村
入馆时间及方式：1904 年之前入馆，捐赠
编号：MKM A ОФ-8646

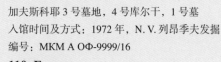

107. Подвеска
Бронза, литье. 45×20 мм
Место, дата и автор находки: Енисейская
губерния, Минусинский уезд, Ермаковская
волость, д. Нижний Суэтук. Поступил в дар в 1904 г.
Инвентарный номер: МКМ А ОФ-8646

107. Ornament
Bronze, cast, 45×20mm
Findspot: Nizhniy-Suetuk, Yermakovskaya, Minusinsk, Krasnoyarsk
Acquisition date and method: donated before 1904
Inventory No. MKM A ОФ-8646

108. 蹼形饰
青铜，铸造。46×14 毫米
发现地点：克拉斯诺亚尔斯克边疆区，米努辛斯
克地区周边
入馆时间及方式：1972 年入馆
编号：MKM A ОФ-9997/4

108. Подвеска
Бронза, литье. 46×14 мм
Место, дата и автор находки: Красноярский край, г. Минусинск.
Поступил в 1972 г.
Инвентарный номер: МКМ А ОФ-9997/4

108. Ornament
Bronze, cast, 46×14mm
Findspot: Minusinsk, Krasnoyarsk
Acquisition date and method: 1972
Inventory No. MKM A ОФ-9997/4

109. 蹼形饰
青铜，铸造。40×12 毫米
发现地点：克拉斯诺亚尔斯克边疆区，米努辛斯
克地区，别尔雷克区，别尔雷克村
入馆时间及方式：1904 年之前入馆，捐赠
编号：MKM A ОФ-8662

109. Подвеска
Бронза, литье. 40×12 мм
Место, дата и автор находки: Енисейская губерния, Минусинский
уезд, Беллыкская волость, с. Беллык. Поступил в дар в 1904 г.
Инвентарный номер: МКМ А ОФ-8662

109. Ornament
Bronze, cast, 40×12mm
Findspot: Bellyk, Bellykskaya, Minusinsk, Krasnoyarsk
Acquisition date and method: donated before 1904
Inventory No. MKM A ОФ-8662

110. 饰牌
青铜，铸造。41×25 毫米
发现地点：克拉斯诺亚尔斯克边疆区，米努辛斯克地区，卢加夫村。卢

加夫斯科耶 3 号墓地，4 号库尔干，1 号墓
入馆时间及方式：1972 年，N. V. 列昂季耶夫发掘
编号：MKM A ОФ-9999/16

110. Бляшка
Бронза, литье. 41×25 мм
Место, дата и автор находки: Красноярский
край, Минусинский район, с. Лугавское.
Могильник Лугавское 3, курган 4, могила 1. Поступил в 1972 г.
Раскопки Н. В. Леонтьева
Инвентарный номер: МКМ А ОФ-9999/16

110. Plaque
Bronze, cast, 41×25mm
Findspot: Burial No. 1, Kurgan No. 4, Lugavskoye No. 3 Cemetery,
Lugavskoye, Minusinsk, Krasnoyarsk
Acquisition date and method: excavated by N. V. Leontyev in 1972
Inventory No. MKM A ОФ-9999/16

111. 联珠饰
青铜，铸造。28×15 毫米
发现地点：克拉斯诺亚尔斯克边疆区，米努辛斯
克地区。塔加尔斯基岛 4 号墓地，26 号墓
入馆时间及方式：1972 年，N. V. 列昂季耶夫发掘
编号：MKM A ОФ-9991/79

111. Бляшка
Бронза, литье. 28×15 мм
Место, дата и автор находки: Красноярский край, г. Минусинск.
Могильник Тагарский остров 4, могила 26. Поступил в 1972 г.
Раскопки Н. В. Леонтьева
Инвентарный номер: МКМ А ОФ-9991/79

111. Plaque shaped like linked beads
Bronze, cast, 28×15mm
Findspot: Burial No. 26, Tagalski Island Cemetery No. 4, Minusinsk,
Krasnoyarsk
Acquisition date and method: excavated by N. V. Leontyev in 1972
Inventory No. MKM A ОФ-9991/79

112. 饰牌
青铜，铸造。41×26 毫米
发现地点：克拉斯诺亚尔斯克边疆区，米努辛斯
克地区，卢加夫村。卢加夫斯科耶 3 号墓地，4
号库尔干，1 号墓
入馆时间及方式：1972 年，N. V. 列昂季耶夫发掘
编号：MKM A ОФ-9999/15

112. Бляшка
Бронза, литье. 41×26 мм
Место, дата и автор находки: Красноярский край, Минусинский
район, с. Лугавское. Могильник Лугавское 3, курган 4, могила 1.
Поступил в 1972 г. Раскопки Н. В. Леонтьева
Инвентарный номер: МКМ А ОФ-9999/15

112. Plaque
Bronze, cast, 41×26mm
Findspot: Burial No. 1, Kurgan No. 4, Lugavskoye Cemetery No. 3,

Lugavskoye, Minusinsk, Krasnoyarsk

Acquisition date and method: excavated by N. V. Leontyev in 1972

Inventory No. МКМ А ОФ-9999/15

113. 联珠饰

青铜，铸造。24×6 毫米

发现地点：克拉斯诺亚尔斯克边疆区，米努辛斯
克地区。塔加尔斯基岛 4 号墓地，31 号墓

入馆时间及方式：1971 年，N. V. 列昂季夫发掘

编号：МКМ А ОФ-9991/99

113. Бляшка

Бронза, литье. 24×6 мм

Место, дата и автор находки: Красноярский край, г. Минусинск.
Могильник Тагарский остров 4, могила 31. Поступил в 1971 г.
Раскопки Н. В. Леонтьева

Инвентарный номер: МКМ А ОФ-9991/99

113. Plaque shaped like linked beads

Bronze, cast, 24×6mm

Findspot: Burial No. 31, Tagalski Island Cemetery No. 4, Minusinsk,
Krasnoyarsk

Acquisition date and method: excavated by N. V. Leontyev in 1971

Inventory No. МКМ А ОФ-9991/99

114. 饰牌

青铜，铸造。52×30 毫米

发现地点：克拉斯诺亚尔斯克边疆区，米努辛斯
克地区，舒申斯克区

入馆时间及方式：1972 年，N. V. 列昂季夫清理
被毁墓葬所得

编号：МКМ А ОФ-9995/5

114. Бляшка

Бронза, литье. 52×30 мм

Место, дата и автор находки: Красноярский край, Шушенский
район. Сборы Н. В. Леонтьева на разрушенных погребениях.
Поступил в 1972 г.

Инвентарный номер: МКМ А ОФ-9995/5

114. Plaque

Bronze, cast, 52×30mm

Findspot: Shushenskiy, Minusinsk, Krasnoyarsk

Acquisition date and method: excavated by N. V. Leontyev in 1972

Inventory No. МКМ А ОФ-9995/5

115. 饰牌

青铜，铸造。54×36 毫米

发现地点：克拉斯诺亚尔斯克边疆区，米努辛斯
克地区，舒申斯克区

入馆时间及方式：1972 年，N. V. 列昂季夫清理
被毁墓葬所得

编号：МКМ А ОФ-9995/6

115. Бляшка

Бронза, литье. 54×36 мм

Место, дата и автор находки: Красноярский край, Шушенский

район. Сборы Н. В. Леонтьева на разрушенных погребениях.
Поступил в 1972 г.

Инвентарный номер: МКМ А ОФ-9995/6

115. Plaque

Bronze, cast, 54×36mm

Findspot: Shushenskiy, Minusinsk, Krasnoyarsk

Acquisition date and method: excavated by N. V. Leontyev in 1972

Inventory No. МКМ А ОФ-9995/6

116. 饰牌

青铜，铸造。直径 101 毫米

发现地点：克拉斯诺亚尔斯克边疆区，米努辛斯
克地区

入馆时间及方式：1928 年，捐赠

编号：МКМ А ОФ-8923

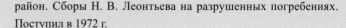

116. Бляшка

Бронза, литье. Диаметр 101 мм

Место, дата и автор находки: Енисейская губерния, Минусинский
уезд. Поступил в дар в 1928 г.

Инвентарный номер: МКМ А ОФ-8923

116. Plaque

Bronze, cast, diameter 101mm

Findspot: Minusinsk, Krasnoyarsk

Acquisition date and method: donated in 1928

Inventory No. МКМ А ОФ-8923

117. 戒指

青铜，铸造。直径 24 毫米

发现地点：克拉斯诺亚尔斯克边疆区，米努辛斯
克地区，多莫扎科瓦村

入馆时间及方式：1917 年之前入馆

编号：МКМ А ОФ-6954

117. Перстень

Бронза, литье. Диаметр 24 мм

Место, дата и автор находки: Енисейская губерния, Минусинский
уезд, улус Доможакова. Поступил до 1917 г.

Инвентарный номер: МКМ А ОФ-6954

117. Ring

Bronze, cast, diameter 24mm

Findspot: Domozhakova, Minusinsk, Krasnoyarsk

Acquisition date and method: before 1917

Inventory No. МКМ А ОФ-6954

118. 戒指

青铜，铸造。直径 26 毫米

发现地点：克拉斯诺亚尔斯克边疆区，米努辛斯
克地区，乌特村

入馆时间及方式：1917 年之前入馆

编号：МКМ А ОФ-6952

118. Перстень

Бронза, литье. Диаметр 26 мм

Место, дата и автор находки: Енисейская губерния, Минусинский

уезд, д. Уты. Поступил до 1917 г.

Инвентарный номер: МКМ А ОФ-6952

118. Ring

Bronze, cast, diameter 26mm

Findspot: Uti, Minusinsk, Krasnoyarsk

Acquisition date and method: before 1917

Inventory No. МКМ А ОФ-6952

119. 饰牌

青铜，铸造。17×17 毫米

发现地点：克拉斯诺亚尔斯克边疆区，米努辛斯克地区，卢加夫区。卢加夫斯科耶 3 号墓地，8 号库尔干，1 号墓

入馆时间及方式：1972 年，N. V. 列昂季夫发掘

编号：МКМ А ОФ-9999/79

119. Бляшка

Бронза, литье. 17×17 мм

Место, дата и автор находки: Красноярский край, Минусинский район, с. Лугавское. Могильник Лугавское 3, курган 8, могила 1. Поступил в 1972 г. Раскопки Н. В. Леонтьева

Инвентарный номер: МКМ А ОФ-9999/79

119. Plaque

Bronze, cast, 17×17mm

Findspot: Burial No. 1, Kurgan No. 8, Lugavskoye Cemetery No. 3, Lugavskoye, Minusinsk, Krasnoyarsk

Acquisition date and method: excavated by N. V. Leontyev in 1972

Inventory No. МКМ А ОФ-9999/79

120. 饰牌

青铜，铸造。46×40 毫米

发现地点：克拉斯诺亚尔斯克边疆区，米努辛斯克地区周边

入馆时间及方式：1928 年，捐赠

编号：МКМ А ОФ-8931

120. Бляшка

Бронза, литье. 46×40 мм

Место, дата и автор находки: Енисейская губерния, Минусинский уезд. Поступил в дар в 1928 г.

Инвентарный номер: МКМ А ОФ-8931

120. Plaque

Bronze, cast, 46×40mm

Findspot: Minusinsk, Krasnoyarsk

Acquisition date and method: donated in 1928

Inventory No. МКМ А ОФ-8931

121. 饰牌

青铜，铸造。106×28 毫米

发现地点：克拉斯诺亚尔斯克边疆区，米努辛斯克地区周边，卢加夫村

入馆时间及方式：不详

编号：МКМ А ОФ-9853/12

121. Украшение

Бронза, литье. 106×28мм

Место, дата и автор находки: Красноярский край, Минусинский район, с. Лугавское. Время и источник поступления не установлены

Инвентарный номер: МКМ А ОФ-9853/12

121. Plaque

Bronze, cast, 106×28mm

Findspot: Lugavskoye, Minusinsk, Krasnoyarsk

Acquisition date and method: unknown

Inventory No. МКМ А ОФ-9853/12

122. 胸针

青铜，铸造。71×29 毫米

发现地点：克拉斯诺亚尔斯克边疆区，克拉斯诺图兰地区，列比亚日耶村

入馆时间及方式：1972 年，N. V. 列昂季夫清理被毁墓葬所得

编号：МКМ А ОФ-9998/11

122. Фибула

Бронза, литье. 71×29 мм

Место, дата и автор находки: Красноярский край, Краснотуранский р-он, с. Лебяжье. Сборы Н. В. Леонтьева на разрушенных могильниках. Поступил в 1972 г.

Инвентарный номер: МКМ А ОФ-9998/11

122. Brooch

Bronze, cast, 71×29mm

Findspot: Lebyazhye, KrasNoturanskiy, Krasnoyarsk

Acquisition date and method: excavated by N. V. Leontyev in 1972

Inventory No. МКМ А ОФ-9998/11

123. 泡

青铜，铸造。直径 12 毫米

发现地点：克拉斯诺亚尔斯克边疆区，米努辛斯克地区。塔加尔斯基岛 4 号墓地，32 号墓

入馆时间及方式：1971 年，N. V. 列昂季夫发掘

编号：МКМ А ОФ-9991/103

123. Гвоздик бронзовый

Бронза, литье. Диаметр 12 мм

Место, дата и автор находки: Красноярский край, г. Минусинск. Могильник Тагарский остров 4, могила 32. Поступил в 1971 г. Раскопки Н. В. Леонтьева.

Инвентарный номер: МКМ А ОФ-9991/103

123. Ornamental boss

Bronze, cast, diameter 12mm

Findspot: Burial No. 32, Tagalski Island Cemetery No. 4, Minusinsk, Krasnoyarsk

Acquisition date and method: excavated by N. V. Leontyev in 1971

Inventory No. МКМ А ОФ-9991/103

124. 泡

青铜，铸造。直径 11 毫米

发现地点：克拉斯诺亚尔斯克边疆区，米努辛斯克地区。塔加尔斯基岛

4 号墓地，62 号墓
入馆时间及方式：1971 年，N. V. 列昂季夫发掘
编号：MKM A ОФ-9991/224

124. Гвоздик бронзовый
Бронза, литье. Диаметр 11 мм
Место, дата и автор находки: Красноярский
край, г. Минусинск. Могильник Тагарский
остров 4, могила 62. Поступил в 1971 г. Раскопки Н. В.
Леонтьева
Инвентарный номер: MKM A ОФ-9991/224

124. Ornamental boss
Bronze, cast, diameter 11mm
Findspot: Burial No. 62, Tagalski Island Cemetery No. 4, Minusinsk,
Krasnoyarsk
Acquisition date and method: excavated by N. V. Leontyev in 1971
Inventory No. MKM A ОФ-9991/224

125. 泡
青铜，铸造。直径 15 毫米
发现地点：克拉斯诺亚尔斯克边疆区，米努辛斯
克地区。塔加尔斯基岛 4 号墓地，12 号墓
入馆时间及方式：1971 年，N. V. 列昂季夫发掘
编号：MKM A ОФ-9991/15

125. Бляшка-пуговица
Бронза, литье. Диаметр 15 мм
Место, дата и автор находки: Красноярский край, г. Минусинск.
Могильник Тагарский остров 4, могила 12. Поступил в 1971 г.
Раскопки Н. В. Леонтьева
Инвентарный номер: MKM A ОФ-9991/15

125. Ornamental boss
Bronze, cast, diameter 15mm
Findspot: Burial No. 12, Tagalski Island Cemetery No. 4, Minusinsk,
Krasnoyarsk
Acquisition date and method: excavated by N. V. Leontyev in 1971
Inventory No. MKM A ОФ-9991/15

126. 耳环
青铜，铸造。直径 37 毫米
发现地点：克拉斯诺亚尔斯克边疆区，米努辛斯
克市
入馆时间及方式：1968 年，学生在米努辛斯克市
被毁墓葬中偶得，捐赠
编号：MKM A ОФ-9975/24

126. Кольцо височное
Бронза, литье. Диаметр 37 мм
Место, дата и автор находки: Красноярский край, г. Минусинск.
Сборы школьников г. Минусинска на разрушенном могильнике.
Поступил в 1968 г.
Инвентарный номер:MKM A ОФ-9975/24

126. Earring
Bronze, cast, diameter 37mm
Findspot: Minusinsk, Krasnoyarsk

Acquisition date and method: donated in 1968
Inventory No. MKM A ОФ-9975/24

127. 耳环
青铜，铸造。直径 50 毫米
发现地点：克拉斯诺亚尔斯克边疆区，米努辛斯
克地区，伊德林斯卡亚，博利绍伊捷列克村
入馆时间及方式：1904 年之前，捐赠
编号：MKM A ОФ-8602

127. Кольцо
Бронза, литье. Диаметр 50 мм
Место, дата и автор находки: Енисейская губерния, Минусинский
(с 1898 г.) уезд, Идринская волость, д. Большой Телек. Поступил
в дар в 1904 г.
Инвентарный номер:MKM A ОФ-8602

127. Earring
Bronze, cast, diamcter 50mm
Findspot: Bolshoy-Telek, Idrinskaya, Minusinsk, Krasnoyarsk
Acquisition date and method: donated before 1904
Inventory No. MKM A ОФ-8602

128. 耳环
青铜，铸造。长 44 毫米
发现地点：克拉斯诺亚尔斯克边疆区，米努辛斯
克地区
入馆时间及方式：1904 年之前，捐赠
编号：MKM A ОФ-8617

128. Браслет
Бронза, литье. Длина 44 мм
Место, дата и автор находки: Енисейская губерния, Минусинский
уезд. Поступил в до 1904 г. , дар
Инвентарный номер: MKM A ОФ-8617

128. Earring
Bronze, cast, diameter 44mm
Findspot: Minusinsk, Krasnoyarsk
Acquisition date and method: donated before 1904
Inventory No. MKM A ОФ-8617

129. 耳环
青铜，铸造。青铜环直径 16–19 毫米，串珠直径
11 毫米
发现地点：克拉斯诺亚尔斯克边疆区，米努辛斯
克地区，克里瓦亚村，克里瓦亚 4 号墓地
入馆时间及方式：1972 年，N. V. 列昂季夫发掘
编号：MKM A ОФ-10000/26

129. 4 бронзовых спиральных кольца, через одно пропущена бусина
Бронза, литье. Диаметр колец: 16-19 мм; диаметр бусины: 11 мм
Место, дата и автор находки: Красноярский край, Минусинский
район, с. Кривая. Сборы Н. В. Леонтьева на поселении у
могильника Кривая 4. Поступил в 1972 г. Раскопки Н. В.
Леонтьева

Инвентарный номер: МКМ А ОФ-10000/26

129. Earring
Bronze, cast, diameter of ring 16-19mm, diameter of bead 11mm
Findspot: Krivaya Cemetery No. 4, Krivaya, Minusinsk, Krasnoyarsk
Acquisition date and method: excavated by N. V. Leontyev in 1972
Inventory No. МКМ А ОФ-10000/26

130. 项圈
青铜。直径 150 毫米
发现地点：克拉斯诺亚尔斯克边疆区，米努辛斯
克地区，克拉斯诺图兰区，图兰山下 2 千米处
入馆时间及方式：1993 年，V. A. 博尔特诺夫斯
基清理被毁墓葬所得
编号：МКМ А ОФ-12536

130. Гривна
Бронза. Диаметр 150 мм
Место, дата и автор находки: Красноярский край, Краснотуранский
район. Сборы В. А. Бортновского на разрушенном могильнике в
2 км ниже горы Туран. Поступил в 1993 г.
Инвентарный номер: МКМ А ОФ-12536

130. Necklace
Bronze, diameter 150mm
Findspot: KrasNoturanskiy, Minusinsk, Krasnoyarsk
Acquisition date and method: excavated by V. A. Bortnovsky in 1993
Inventory No. МКМ А ОФ-12536

131. 串饰
青铜。94 × 5 毫米
发现地点：克拉斯诺亚尔斯克边疆区，米努辛斯
克地区，卢加夫区。卢加夫斯科耶 3 号墓地，8
号库尔干，1 号墓
入馆时间及方式：1972 年，N. V. 列昂季夫发掘
编号：МКМ А ОФ-9999/84

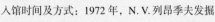

131. Пронизки
Бронза. 94×5 мм
Место, дата и автор находки: Красноярский край, Минусинский
район, с. Лугавское. Могильник Лугавское 3, курган 8, могила 1.
Поступил в 1972 г. Раскопки Н. В. Леонтьева
Инвентарный номер: МКМ А ОФ-9999/84

131. String ornament
Bronze, 94×5mm
Findspot: Burial No. 1, Kurgan No. 8, Lugavskoye Cemetery No. 3,
Lugavskoye, Minusinsk, Krasnoyarsk
Acquisition date and method: excavated by N. V. Leontyev in 1972
Inventory No. МКМ А ОФ-9999/84

132. 串饰
泥岩。长 240 毫米
发现地点：克拉斯诺亚尔斯克边疆区，米努辛斯
克地区，克里瓦亚村
入馆时间及方式：1969 年，P. M. 奥格涅夫捐赠
编号：МКМ А ОФ-10010/32

132. Бусы
Аргиллит. Длина низки 240 мм
Место, дата и автор находки: Красноярский край, Минусинский
район, д. Кривая. Поступил в 1969 г. от П. М. Огнева
Инвентарный номер: МКМ А ОФ-10010/32

132. String ornament
Mudstone, length 240mm
Findspot: Krivaya, Minusinsk, Krasnoyarsk
Acquisition date and method: donated by P. M. Ognev in 1969
Inventory No. МКМ А ОФ-10010/32

133. 串饰
青铜。长 525 毫米
发现地点：克拉斯诺亚尔斯克边疆区，米努辛斯
克地区，克里瓦亚村
入馆时间及方式：1969 年，P. M. 奥格涅夫捐赠
编号：МКМ А ОФ-10010/30

133. Низка бус-пронизок
Бронза. Длина низки 525 мм
Место, дата и автор находки: Красноярский край, Минусинский
район, д. Кривая. Поступил в 1969 г. от П. М. Огнева
Инвентарный номер:МКМ А ОФ-10010/30

133. String ornament
Bronze, length 525mm
Findspot: Krivaya, Minusinsk, Krasnoyarsk
Acquisition date and method: donated by P. M. Ognev in 1969
Inventory No. МКМ А ОФ-10010/30

134. 饰牌
青铜，铸造。91 × 91 毫米
发现地点：克拉斯诺亚尔斯克边疆区，米努辛斯
克市
入馆时间及方式：1967 年，N. V. 列昂季夫清理
被毁墓葬所得
编号：МКМ А ОФ-9969/6

134. Бляшка
Бронза, литье. 91×91 мм
Место, дата и автор находки: Красноярский край, г. Минусинск.
Сборы Н. В. Леонтьева на разрушенных могильниках у г.
Минусинск. 1967 г.
Инвентарный номер: МКМ А ОФ-9969/6

134. Plaque
Bronze, cast, 91×91mm
Findspot: Minusinsk, Krasnoyarsk
Acquisition date and method: excavated by N. V. Leontyev in 1967
Inventory No. МКМ А ОФ-9969/6

135. 饰牌
青铜，铸造。42 × 23 毫米
发现地点：克拉斯诺亚尔斯克边疆区，米努辛斯克市
入馆时间及方式：1967 年，N. V. 列昂季夫清理被毁墓葬所得
编号：МКМ А ОФ-9969/7

135. Бляшка

Бронза, литье. 42×23 мм

Место, дата и автор находки: Красноярский край, г. Минусинск. Сборы Н. В. Леонтьева на разрушенных могильниках у г. Минусинск. 1967 г.

Инвентарный номер: МКМ А ОФ-9969/7

135. Plaque

Bronze, cast, 42×23mm

Findspot: Minusinsk, Krasnoyarsk

Acquisition date and method: excavated by N. V. Leontyev in 1967

Inventory No. МКМ А ОФ-9969/7

136. 饰牌

青铜，铸造。39×28 毫米

发现地点：克拉斯诺亚尔斯克边疆区，米努辛斯克市

入馆时间及方式：1967 年，N. V. 列昂季夫清理被毁墓葬所得

编号：МКМ А ОФ-9969/8

136. Бляшка

Бронза, литье. 39×28 мм

Место, дата и автор находки: Красноярский край, г. Минусинск. Сборы Н. В. Леонтьева на разрушенных могильниках у г. Минусинск. 1967 г.

Инвентарный номер: МКМ А ОФ-9969/8

136. Plaque

Bronze, cast, 39×28mm

Findspot: Minusinsk, Krasnoyarsk

Acquisition date and method: excavated by N. V. Leontyev in 1967

Inventory No. МКМ А ОФ-9969/8

137. 饰牌

青铜，铸造。34×26 毫米

发现地点：克拉斯诺亚尔斯克边疆区，米努辛斯克市

入馆时间及方式：1967 年，N. V. 列昂季夫清理被毁墓葬所得

编号：МКМ А ОФ-9969/9

137. Бляшка

Бронза, литье. 34×26 мм

Место, дата и автор находки: Красноярский край, г. Минусинск. Сборы Н. В. Леонтьева на разрушенных могильниках у г. Минусинск. 1967 г.

Инвентарный номер: МКМ А ОФ-9969/9

137. Plaque

Bronze, cast, 34×26mm

Findspot: Minusinsk, Krasnoyarsk

Acquisition date and method: excavated by N. V. Leontyev in 1967

Inventory No. МКМ А ОФ-9969/9

138. 饰牌

青铜，铸造。28×23 毫米

发现地点：克拉斯诺亚尔斯克边疆区，米努辛斯克市

入馆时间及方式：1967 年，N. V. 列昂季夫清理被毁墓葬所得

编号：МКМ А ОФ-9969/10

138. Бляшка

Бронза, литье. 28×23 мм

Место, дата и автор находки: Красноярский край, г. Минусинск. Сборы Н. В. Леонтьева на разрушенных могильниках у г. Минусинск. 1967 г.

Инвентарный номер: МКМ А ОФ-9969/10

138. Plaque

Bronze, cast, 28×23mm

Findspot: Minusinsk, Krasnoyarsk

Acquisition date and method: excavated by N. V. Leontyev in 1967

Inventory No. МКМ А ОФ-9969/10

139. 饰牌

青铜，铸造。31×20 毫米

发现地点：克拉斯诺亚尔斯克边疆区，米努辛斯克市

入馆时间及方式：1967 年，N. V. 列昂季夫清理被毁墓葬所得

编号：МКМ А ОФ-9969/11

139. Бляшка

Бронза, литье. 31×20 мм

Место, дата и автор находки: Красноярский край, г. Минусинск. Сборы Н. В. Леонтьева на разрушенных могильниках у г. Минусинск. 1967 г.

Инвентарный номер: МКМ А ОФ-9969/11

139. Plaque

Bronze, cast, 31×20mm

Findspot: Minusinsk, Krasnoyarsk

Acquisition date and method: excavated by N. V. Leontyev in 1967

Inventory No. МКМ А ОФ-9969/11

140. 耳环

青铜，铸造。直径 27 毫米

发现地点：克拉斯诺亚尔斯克边疆区，米努辛斯克市

入馆时间及方式：1967 年，N. V. 列昂季夫清理被毁墓葬所得

编号：МКМ А ОФ-9969/14

140. Кольцо височное

Бронза, литье. Диаметр 27 мм

Место, дата и автор находки: Красноярский край, г. Минусинск. Сборы Н. В. Леонтьева на разрушенных могильниках у г. Минусинск. 1967 г.

Инвентарный номер: МКМ А ОФ-9969/14

140. Earring

Bronze, cast, diameter 27mm

Findspot: Minusinsk, Krasnoyarsk

Acquisition date and method: excavated by N. V. Leontyev in 1967

Inventory No. MKM A ОФ-9969/14

141. 针筒

青铜，铸造。37×3 毫米

发现地点：克拉斯诺亚尔斯克边疆区，米努辛斯克市

入馆时间及方式：1967 年，N. V. 列昂季夫清理被毁墓葬所得

编号：MKM A ОФ-9969/23

141. Обломок бронзового шила

Бронза, литье. 37×3 мм

Место, дата и автор находки: Красноярский край, г. Минусинск. Сборы Н. В. Леонтьева на разрушенных могильниках у г. Минусинск. 1967 г.

Инвентарный номер: MKM A ОФ-9969/23

141. Needle case

Bronze, cast, 37×3mm

Findspot: Minusinsk, Krasnoyarsk

Acquisition date and method: excavated by N. V. Leontyev in 1967

Inventory No. MKM A ОФ-9969/23

142. 耳环

青铜，铸造。直径 32 毫米

发现地点：克拉斯诺亚尔斯克边疆区，米努辛斯克市

入馆时间及方式：1967 年，N. V. 列昂季夫清理被毁墓葬所得

编号：MKM A ОФ-9969/12

142. Кольцо височное

Бронза, литье. Диаметр 32 мм

Место, дата и автор находки: Красноярский край, г. Минусинск. Сборы Н. В. Леонтьева на разрушенных могильниках у г. Минусинск. 1967 г.

Инвентарный номер: MKM A ОФ-9969/12

142. Earring

Bronze, cast, diameter 32mm

Findspot: Minusinsk, Krasnoyarsk

Acquisition date and method: excavated by N. V. Leontyev in 1967

Inventory No. MKM A ОФ-9969/12

143. 串管

青铜，铸造。16×4、18×3、19×5 毫米

发现地点：克拉斯诺亚尔斯克边疆区，米努辛斯克市

入馆时间及方式：1967 年，N. V. 列昂季夫清理被毁墓葬所得

编号：MKM A ОФ-9969/20

143. Пронизки

Бронза, литье. 16×4 мм; 18×3 мм; 19×5 мм

Место, дата и автор находки: Красноярский край, г. Минусинск. Сборы Н. В. Леонтьева на разрушенных могильниках у г. Минусинск. 1967 г.

Инвентарный номер: MKM A ОФ-9969/20

143. String ornament

Bronze, cast, 16×4mm, 18×3mm, 19×5mm

Findspot: Minusinsk, Krasnoyarsk

Acquisition date and method: excavated by N. V. Leontyev in 1967

Inventory No. MKM A ОФ-9969/20

144. 耳环

青铜，铸造。直径 34 毫米

发现地点：克拉斯诺亚尔斯克边疆区，米努辛斯克地区，克里瓦亚村

入馆时间及方式：1965 年，N. V. 列昂季夫清理被毁墓葬所得

编号：MKM A ОФ-9962/5

144. Кольцо височное

Бронза, литье. Диаметр 34 мм

Место, дата и автор находки: Красноярский край, Минусинский район, д. Кривая. Сборы Н. В. Леонтьева на разрушенных могильниках у д. Кривая. 1965 г.

Инвентарный номер: MKM A ОФ-9962/5

144. Earring

Bronze, cast, diameter 34 mm

Findspot: Krivaya, Minusinsk, Krasnoyarsk

Acquisition date and method: excavated by N. V. Leontyev in 1965

Inventory No. MKM A ОФ-9962/5

145. 蹼形饰

青铜，铸造。27×10 毫米

发现地点：克拉斯诺亚尔斯克边疆区，米努辛斯克地区，克里瓦亚村

入馆时间及方式：1965 年，N. V. 列昂季夫清理被毁墓葬所得

编号：MKM A ОФ-9962/7

145. Привеска лапчатая

Бронза, литье. 27×10 мм

Место, дата и автор находки: Красноярский край, Минусинский район, д. Кривая. Сборы Н. В. Леонтьева на разрушенных могильниках у д. Кривая. 1965 г.

Инвентарный номер: MKM A ОФ-9962/7

145. Ornament

Bronze, cast, 27×10mm

Findspot: Krivaya, Minusinsk, Krasnoyarsk

Acquisition date and method: excavated by N. V. Leontyev in 1965

Inventory No. MKM A ОФ-9962/7

146. 蹼形饰

青铜，铸造。30×11 毫米

发现地点：克拉斯诺亚尔斯克边疆区，米努辛斯克地区，克里瓦亚村

入馆时间及方式：1965 年，N. V. 列昂季夫清理被毁墓葬所得

编号：МКМ А ОФ-9962/6

146. Привеска лапчатая

Бронза, литье. 30×11 мм

Место, дата и автор находки: Красноярский край, Минусинский район, д. Кривая. Сборы Н. В. Леонтьева на разрушенных могильниках у д. Кривая. 1965 г.

Инвентарный номер: МКМ А ОФ-9962/6

146. Ornament

Bronze, cast, 30×11mm

Findspot: Krivaya, Minusinsk, Krasnoyarsk

Acquisition date and method: excavated by N. V. Leontyev in 1965

Inventory No. МКМ А ОФ-9962/6

147. 蹼形饰

青铜，铸造。32×14 毫米

发现地点：克拉斯诺亚尔斯克边疆区，米努辛斯克地区，克里瓦亚村

入馆时间及方式：1965 年，N. V. 列昂季夫清理被毁墓葬所得

编号：МКМ А ОФ-9962/13

147. Привеска лапчатая

Бронза, литье. 32×14 мм

Место, дата и автор находки: Красноярский край, Минусинский район, д. Кривая. Сборы Н. В. Леонтьева на разрушенных могильниках у д. Кривая. 1965 г.

Инвентарный номер: МКМ А ОФ-9962/13

147. Ornament

Bronze, cast, 32×14mm

Findspot: Krivaya, Minusinsk, Krasnoyarsk

Acquisition date and method: excavated by N. V. Leontyev in 1965

Inventory No. МКМ А ОФ-9962/13

148. 泡

青铜，铸造。39×28 毫米

发现地点：克拉斯诺亚尔斯克边疆区，米努辛斯克地区，克里瓦亚村

入馆时间及方式：1965 年，N. V. 列昂季夫清理被毁墓葬所得

编号：МКМ А ОФ-9969/8

148. Бляшка

Бронза, литье. 39×28 мм

Место, дата и автор находки: Красноярский край, г. Минусинск. Сборы Н. В. Леонтьева на разрушенных могильниках у г. Минусинск. 1967 г.

Инвентарный номер: МКМ А ОФ-9969/8

148. Ornamental boss

Bronze, cast, 39×28mm

Findspot: Krivaya, Minusinsk, Krasnoyarsk

Acquisition date and method: excavated by N. V. Leontyev in 1965

Inventory No. МКМ А ОФ-9969/8

149. 泡

青铜，铸造。34×26 毫米

发现地点：克拉斯诺亚尔斯克边疆区，米努辛斯克地区，克里瓦亚村

入馆时间及方式：1965 年，N. V. 列昂季夫清理被毁墓葬所得

编号：МКМ А ОФ-9969/9

149. Бляшка

Бронза, литье. 34×26 мм

Место, дата и автор находки: Красноярский край, г. Минусинск. Сборы Н. В. Леонтьева на разрушенных могильниках у г. Минусинск. 1967 г.

Инвентарный номер: МКМ А ОФ-9969/9

149. Ornamental boss

Bronze, cast, 34×26mm

Findspot: Krivaya, Minusinsk, Krasnoyarsk

Acquisition date and method: excavated by N. V. Leontyev in 1965

Inventory No. МКМ А ОФ-9969/9

150. 刀（残）

青铜，铸造。81×20 毫米

发现地点：克拉斯诺亚尔斯克边疆区，米努辛斯克地区，克里瓦亚村

入馆时间及方式：1965 年，N. V. 列昂季夫清理被毁墓葬所得

编号：МКМ А ОФ-9962/11

150. Нож (фрагмент)

Бронза, литье. 81×20 мм

Место, дата и автор находки: Красноярский край, Минусинский район, д. Кривая. Сборы Н. В. Леонтьева на разрушенных могильниках у д. Кривая. 1965 г.

Инвентарный номер: МКМ А ОФ-9962/11

150. Knife (fragement)

Bronze, cast, 81×20mm

Findspot: Krivaya, Minusinsk, Krasnoyarsk

Acquisition date and method: excavated by N. V. Leontyev in 1965

Inventory No. МКМ А ОФ-9962/11

151. 刀（残）

青铜，铸造。68×14 毫米

发现地点：克拉斯诺亚尔斯克边疆区，米努辛斯克地区，克里瓦亚村

入馆时间及方式：1965 年，N. V. 列昂季夫清理被毁墓葬所得

编号：МКМ А ОФ-9962/4

151. Нож (фрагмент)

Бронза, литье. 68×14 мм

Место, дата и автор находки: Красноярский край, Минусинский район, д. Кривая. Сборы Н. В. Леонтьева на разрушенных могильниках у д. Кривая. 1965 г.

Инвентарный номер: МКМ А ОФ-9962/4

151. Knife(fragement)

Bronze, cast, 68×14mm

Findspot: Krivaya, Minusinsk, Krasnoyarsk

Acquisition date and method: excavated by N. V. Leontyev in 1965

Inventory No. МКМ А ОФ-9962/4

152. 刀

青铜，铸造。159×23 毫米

发现地点：克拉斯诺亚尔斯克边疆区，米努辛斯克地区，克里瓦亚村

入馆时间及方式：1965 年，N. V. 列昂季夫清理被毁墓葬所得

编号：МКМ А ОФ-9962/3

152. Нож

Бронза, литье. 159×23 мм

Место, дата и автор находки: Красноярский край, Минусинский район, д. Кривая. Сборы Н. В. Леонтьева на разрушенных могильниках у д. Кривая. 1965 г.

Инвентарный номер: МКМ А ОФ-9962/3

152. Knife

Bronze, cast, 159×23mm

Findspot: Krivaya, Minusinsk, Krasnoyarsk

Acquisition date and method: excavated by N. V. Leontyev in 1965

Inventory No. МКМ А ОФ-9962/3

伍　塔加尔文化
V　Тагарская культура
V　Tagar Culture

153. 镬

青铜，铸造。高 360 毫米，直径 325 毫米

发现地点：克拉斯诺亚尔斯克边疆区，米努辛斯克地区，克济库利岛

入馆时间及方式：1928 年

编号：МКМ А ОФ-9625

153. Котёл на поддоне

Бронза, литье. Высота 360 мм. Диаметр 325 мм

Место, дата и автор находки: Красноярский край, Минусинский район, окрестности о. Кызыкуль. Поступил до 1928 г.

Инвентарный номер: МКМ А ОФ-9625

153. Cauldron with circular foot

Bronze, cast, height 360mm, diameter 325mm

Findspot: Kyzykul Island, Minusinsk, Krasnoyarsk

Acquisition date and method: 1928

Inventory No. МКМ А ОФ-9625

154. 镬

青铜，铸造。高 360 毫米，直径 250 毫米

发现地点：克拉斯诺亚尔斯克边疆区，米努辛斯克地区，卡夫卡兹斯科耶村

入馆时间及方式：1990 年，N. G. 巴纳马列夫捐赠

编号：МКМ А ОФ-11999

154. Котёл на поддоне

Бронза, литье. Высота 360 мм. Диаметр 250 мм

Место, дата и автор находки: Красноярский край, Минусинский район, с. Кавказское. Поступил в 1990 г. от Н. Г. Понамарева

Инвентарный номер: МКМ А ОФ-11999

154. Cauldron with circular foot

Bronze, cast, height 360mm, diameter 250mm

Findspot: Kavkazskoye, Minusinsk, Krasnoyarsk

Acquisition date and method: donated by N. G. Ponamarev in 1990

Inventory No. МКМ А ОФ-11999

155. 镬

青铜，铸造。高 226 毫米，直径 190 毫米

发现地点：克拉斯诺亚尔斯克边疆区，米努辛斯克地区，伊德林区，博利沙亚 – 萨尔巴村

入馆时间及方式：1928 年之前入馆

编号：МКМ А ОФ-9591

155. Котёл на поддоне

Бронза, литье. Высота 226 мм. Диаметр 190 мм

Место, дата и автор находки: Красноярский край, Идринский район, с. Большая Салба. Поступил до 1928 г.

Инвентарный номер: МКМ А ОФ-9591

155. Cauldron with circular foot

Bronze, cast, height 226mm, diameter 190mm

Findspot: Bolshaya-Salba, Idrinsky, Minusinsk, Krasnoyarsk

Acquisition date and method: donated in 1928

Inventory No. МКМ А ОФ-9591

156. 镬

青铜，铸造。高 525 毫米，直径 380 毫米

发现地点：克拉斯诺亚尔斯克边疆区，米努辛斯克地区，米格纳村

入馆时间及方式：1927 年，A. I. 沃斯克列先斯基捐赠

编号：МКМ А ОФ-9649

156. Котёл на поддоне

Бронза, литье. Высота 525 мм. Диаметр 380 мм

Место, дата и автор находки: Красноярский край, Ермаковский район, с. Мигна. Поступил в 1927 г. от А. И. Воскресенского

Инвентарный номер: МКМ А ОФ-9649

156. Cauldron with circular foot

Bronze, cast, height 525mm, diameter 380mm

Findspot: Migna, Minusinsk, Krasnoyarsk

Acquisition date and method: donated by A. I. Voskresensky in 1927

Inventory No. МКМ А ОФ-9649

157. 镀

青铜，铸造。高 230 毫米，直径 160 毫米

发现地点：克拉斯诺亚尔斯克边疆区，米努辛斯

克地区周边

入馆时间及方式：1928 年

编号：МКМ А ОФ-9594

157. Котёл на поддоне

Бронза, литьё. Высота 230 мм. Диаметр 160 мм

Место, дата и автор находки: Красноярский край, Минусинский

район. Поступил до 1928 г.

Инвентарный номер: МКМ А ОФ-9594

157. Cauldron with circular foot

Bronze, cast, height 230mm, diameter 160mm

Findspot: Minusinsk, Krasnoyarsk

Acquisition date and method: 1928

Inventory No. МКМ А ОФ-9594

158. 剑

青铜，铸造。228 × 54 毫米，重 147 克

发现地点：克拉斯诺亚尔斯克边疆区，米努辛斯

克地区，别尔雷克区，贝斯卡尔村

入馆时间及方式：不详

编号：МКМ А ОФ-936

158. Кинжал

Бронза, литьё. 228×54 мм. вес 147 г.

Место, дата и автор находки: Енисейская губерния, Минусинский

уезд, Беллыкская волость, д. Быскар. Время и источник поступления

не установлены

Инвентарный номер: МКМ А ОФ-936

158. Dagger

Bronze, cast, 228×54mm, weight 147g

Findspot: Byskar, Bellykskaya, Minusinsk, Krasnoyarsk

Acquisition date and method: unknown

Inventory No. МКМ А ОФ-936

159. 剑

青铜，铸造。232 × 43 毫米，重 160 克

发现地点：克拉斯诺亚尔斯克边疆区，米努辛斯

克地区，沙拉博林区，卡夫卡兹斯科耶村

入馆时间及方式：1910 年，捐赠

编号：МКМ А ОФ-994

159. Кинжал

Бронза, литьё. 232×43 мм. вес 160 г.

Место, дата и автор находки: Енисейская губерния, Минусинский

уезд, Шалаболинская волость , с. Кавказское. Поступил в дар в

1910 г.

Инвентарный номер: МКМ А ОФ-994

159. Dagger

Bronze, cast, 232×43mm, weight 160g

Findspot: Kavkazskoye, Shalabolinskaya, Minusinsk, Krasnoyarsk

Acquisition date and method: donated in 1910

Inventory No. МКМ А ОФ-994

160. 剑

青铜，铸造。236 × 42 毫米，重 118 克

发现地点：不详

入馆时间及方式：1929 年，P. N. 托沃斯京捐赠

编号：МКМ А ОФ-9810/26

160. Кинжал

Бронза, литьё. 236×42 мм. вес 118 г.

Место, дата и автор находки: Место находки не установлено.

Поступил в 1929 г. от П. И. Товостина

Инвентарный номер: МКМ А ОФ-9810/26

160. Dagger

Bronze, cast, 236×42mm, weight 118g

Findspot: unknown

Acquisition date and method: donated by P. I. Tovostin in 1929

Inventory No. МКМ А ОФ-9810/26

161. 剑

青铜，铸造。272 × 55 毫米，重 267 克

发现地点：克拉斯诺亚尔斯克边疆区，米努辛斯

克地区，乌尊如利村

入馆时间及方式：1900 年，捐赠

编号：МКМ А ОФ-869

161. Кинжал

Бронза, литьё. 272×55 мм. вес 267 г.

Место, дата и автор находки: Енисейская губерния, Минусинский

(с 1886 г.) округ, Узунжуль. Поступил до 1900 г. Не установлен,

дар

Инвентарный номер: МКМ А ОФ-869

161. Dagger

Bronze, cast, 272×55mm, weight 267g

Findspot: Uzunzhul, Minusinsk, Krasnoyarsk

Acquisition date and method: donated in 1900

Inventory No. МКМ А ОФ-869

162. 剑

青铜，铸造。262 × 61 毫米，重 235 克

发现地点：克拉斯诺亚尔斯克边疆区，米努辛斯

克地区，科切尔金区，马拉亚 – 因尼亚村

入馆时间及方式：不详

编号：МКМ А ОФ-868

162. Кинжал

Бронза, литьё. 262×61 мм. вес 235 г.

Место, дата и автор находки: Енисейская губерния, Минусинский

уезд, Кочергинская волость, Малая Иня д. Время и источник

поступления не установлены
Инвентарный номер: МКМ А ОФ-868

162. Dagger
Bronze, cast, 262×61mm, weight 235g
Findspot: Malaya-Inya, Kocherginskaya, Minusinsk, Krasnoyarsk
Acquisition date and method: unknown
Inventory No. МКМ А ОФ-868

163. 剑
剑柄和剑格部分为铁，剑身为青铜。265 × 55 毫米
发现地点：克拉斯诺亚尔斯克边疆区，米努辛斯克地区，因尼亚村
入馆时间及方式：1917 年之前入馆
编号：МКМ Аж ОФ-6788

163. Кинжал биметаллический
Рукоять, перекрестие железо. Клинок бронза. Размер: 265×55 мм
Место, дата и автор находки: Енисейская губерния, Минусинский уезд, д. Иня. Поступил до 1917 г.
Инвентарный номер: МКМ Аж ОФ-6788

163. Dagger
Iron hilt and guard, bronze blade, 265×55mm
Findspot: Inya, Minusinsk, Krasnoyarsk
Acquisition date and method: before 1917
Inventory No. МКМ Аж ОФ-6788

164. 剑
青铜，铸造。301 × 63 毫米，重 383 克
发现地点：克拉斯诺亚尔斯克边疆区，米努辛斯克地区，沙拉博林区，加拉克季翁诺瓦村
入馆时间及方式：1900 年之前入馆
编号：МКМ А ОФ-872

164. Кинжал
Бронза, литье. 301×63 мм. вес 383 г.
Место, дата и автор находки: Енисейская губерния, Минусинский уезд, Шалаболинская волость, д. Галактионова. Поступил до 1900 г.
Инвентарный номер: МКМ А ОФ-872

164. Dagger
Bronze, cast, 301×63mm, weight 383g
Findspot: GalaktioNova, Shalabolinskaya, Minusinsk, Krasnoyarsk
Acquisition date and method: before 1900
Inventory No. МКМ А ОФ-872

165. 剑
剑柄和剑格部分为铁镀金，剑身为铁。280 × 45 毫米
发现地点：哈卡斯共和国，阿斯克兹村
入馆时间及方式：1917 年之前入馆
编号：МКМ А ОФ-6787

165. Кинжал
Рукоять, перекрестие железо, позолота. Клинок железо. Размер: 280×45 мм

Место, дата и автор находки: Республика Хакасия, с. Аскиз. Поступил до 1917 г.
Инвентарный номер: МКМ А ОФ-6787

165. Dagger
Gilded iron hilt and guard, iron blade, 280×45mm
Findspot: Askiz, Khakassia
Acquisition date and method: before 1917
Inventory No. МКМ А ОФ-6787

166. 剑
青铜，铸造。272 × 48 毫米，重 218 克
发现地点：克拉斯诺亚尔斯克边疆区，米努辛斯克地区，瓦斯多钦区，瓦斯多钦斯科耶村
入馆时间及方式：1917 年之前入馆
编号：МКМ А ОФ-871

166. Кинжал
Бронза, литье. 272×48 мм. вес 218 г.
Место, дата и автор находки: Енисейская губерния, Минусинский уезд, Восточенская волость, с. Восточенское. Поступил до 1917 г.
Инвентарный номер: МКМ А ОФ-871

166. Dagger
Bronze, cast, 272×48mm, weight 218g
Findspot: Vostochensko, Vostochenskaya, Minusinsk, Krasnoyarsk
Acquisition date and method: before 1917
Inventory No. МКМ А ОФ-871

167. 剑
青铜，铸造。254 × 50 毫米，重 138 克
发现地点：克拉斯诺亚尔斯克边疆区，米努辛斯克地区周边
入馆时间及方式：1917 年之前入馆
编号：МКМ А ОФ-995

167. Кинжал
Бронза, литье. 254×50 мм. вес 138 г.
Место, дата и автор находки: Енисейская губерния, Минусинский уезд. Поступил до 1917 г.
Инвентарный номер: МКМ А ОФ-995

167. Dagger
Bronze, cast, 254×50mm, weight 138g
Findspot: Minusinsk, Krasnoyarsk
Acquisition date and method: before 1917
Inventory No. МКМ А ОФ-995

168. 剑
青铜，铸造。273 × 52 毫米，重 261 克
发现地点：克拉斯诺亚尔斯克边疆区，米努辛斯克地区，尼克尔区，尼克尔斯科耶村
入馆时间及方式：1917 年之前入馆
编号：МКМ А ОФ-913

168. Кинжал
Бронза, литье. 273×52 мм. вес 261 г.
Место, дата и автор находки: Енисейская губерния, Минусинский

уезд, Никольская волость, с. Никольское. Поступил до 1917 г.

Инвентарный номер: МКМ А ОФ-913

168. Dagger

Bronze, cast, 273×52mm, weight 261g

Findspot: Nikolskoe, Nikolskaya, Minusinsk, Krasnoyarsk

Acquisition date and method: before 1917

Inventory No. МКМ А ОФ-913

169. 剑

青铜，铸造。273×64 毫米，重 257 克

发现地点：克拉斯诺亚尔斯克边疆区，米努辛斯克地区，诺沃肖洛夫区，伊格雷什村

入馆时间及方式：1917 年之前入馆

编号：МКМ А ОФ-832

169. Кинжал

Бронза, литье. 273×64 мм. вес 257 г.

Место, дата и автор находки: Енисейская губерния, Минусинский уезд, Новосёловская волость, с. Игрыш. Поступил до 1917 г.

Инвентарный номер: МКМ А ОФ-832

169. Dagger

Bronze, cast, 273×64mm, weight 257g

Findspot: Igrysh, Novosolovskaya, Minusinsk, Krasnoyarsk

Acquisition date and method: before 1917

Inventory No. МКМ А ОФ-832

170. 剑

青铜，铸造。279×58 毫米，重 297 克

发现地点：克拉斯诺亚尔斯克边疆区，米努辛斯克地区，巴纳切夫区，格列兹努哈村

入馆时间及方式：1917 年之前入馆

编号：МКМ А ОФ-859

170. Кинжал

Бронза, литье. 279×58 мм. вес 297 г.

Место, дата и автор находки: Енисейская губерния, Минусинский уезд, Паначевская волость, с. Грязнуха. Поступил до 1917 г.

Инвентарный номер: МКМ А ОФ-859

170. Dagger

Bronze, cast, 279×58mm, weight 297g

Findspot: Gryaznukha, Panachevskaya, Minusinsk, Krasnoyarsk

Acquisition date and method: before 1917

Inventory No. МКМ А ОФ-859

171. 剑

青铜，铸造。238×44 毫米，重 136 克

发现地点：克拉斯诺亚尔斯克边疆区，米努辛斯克地区，瓦斯多钦区，马拉亚－尼奇卡村

入馆时间及方式：1917 年之前入馆

编号：МКМ А ОФ-780

171. Кинжал

Бронза, литье. 238×44 мм. вес 136 г.

Место, дата и автор находки: Енисейская губерния, Минусинский уезд, Восточенская волость, д. Малая Ничка. Поступил до 1917 г.

Инвентарный номер: МКМ А ОФ-780

171. Dagger

Bronze, cast, 238×44mm, weight 136g

Findspot: Malaya-Nichka, Vostochenskaya, Minusinsk, Krasnoyarsk

Acquisition date and method: before 1917

Inventory No. МКМ А ОФ-780

172. 剑

剑柄、剑身为铁质。剑格、柄首为青铜。272×65 毫米，重 270 克

发现地点：克拉斯诺亚尔斯克边疆区，米努辛斯克地区，沙拉博林区，卡夫卡兹斯科耶村

入馆时间及方式：1904 年之前入馆

编号：МКМ А ОФ-10037/32

172. Кинжал биметаллический

Рукоять, клинок железо. Перекрестие, навершие бронза. 272×65 мм. вес 270 г.

Место, дата и автор находки: Енисейская губерния, Минусинский уезд, Шалаболинская волость, с. Кавказское. Поступил до 1904 г.

Инвентарный номер: МКМ А ОФ-10037/32

172. Dagger

Bronze and iron, cast, 272×65mm, weight 270g

Findspot: Kavkazskoye, Shalabolinskaya, Minusinsk, Krasnoyarsk

Acquisition date and method: before 1904

Inventory No. МКМ А ОФ-10037/32

173. 剑

青铜，铸造。254×55 毫米，重 213 克

发现地点：克拉斯诺亚尔斯克边疆区，米努辛斯克地区，柯乃申区，卡冉卡－巴郭拉德斯卡亚村

入馆时间及方式：1904 年之前入馆

编号：МКМ А ОФ-836

173. Кинжал

Бронза, литье. 254×55 мм. вес 213 г.

Место, дата и автор находки: Енисейская губерния, Минусинский уезд, Кнышенская волость, д. Казанско-Богородская. Поступил до 1904 г.

Инвентарный номер: МКМ А ОФ-836

173. Dagger

Bronze, cast, 254×55mm, weight 213g

Findspot: Kazansko-Bogorodskaya, Knyshenskaya, Minusinsk, Krasnoyarsk

Acquisition date and method: before 1904

Inventory No. МКМ А ОФ-836

174. 剑

铁质。299×43 毫米

发现地点：克拉斯诺亚尔斯克边疆区，米努辛斯克地区，阿巴坎区，蒾基霍瓦（巴依达克）村

入馆时间及方式：1917 年之前入馆

编号：МКМ А ОФ-10066/4

174. Кинжал

Железо. 299×43 мм

Место, дата и автор находки: Енисейская губерния, Минусинский уезд, Абаканская волость, д. Метихова (Байтак). Поступил до 1917 г.

Инвентарный номер: МКМ А ОФ-10066/4

174. Dagger

Iron, 299×43mm

Findspot: Baytak (formerly Metikhova), Abakanskaya, Minusinsk, Krasnoyarsk

Acquisition date and method: before 1917

Inventory No. МКМ А ОФ-10066/4

175. 剑

青铜，铸造。264 × 61 毫米

发现地点：克拉斯诺亚尔斯克边疆区，米努辛斯克地区，阿巴坎区，布祖诺瓦村

入馆时间及方式：1904 年之前入馆

编号：МКМ А ОФ-4379

175. Кинжал

Бронза, литье. 264×61 мм

Место, дата и автор находки: Енисейская губерния, Минусинский уезд, Абаканская волость, д. Бузунова. Поступил до 1904 г.

Инвентарный номер: МКМ А ОФ-4379

175. Dagger

Bronze, cast, 264×61mm

Findspot: Buzunova, Abakanskaya, Minusinsk, Krasnoyarsk

Acquisition date and method: before 1904

Inventory No. МКМ А ОФ-4379

176. 明剑

青铜，铸造。99 × 15 毫米

发现地点：克拉斯诺亚尔斯克边疆区，米努辛斯克地区，沙雷波夫区。别寥若夫河口墓地，21 号库尔干

入馆时间及方式：1979 年，Е.В.瓦杰茨卡雅发掘

编号：МКМ А ОФ-10805

176. Кинжал миниатюрный

Бронза, литье. 99×15 мм

Место, дата и автор находки: Красноярский край, Шарыповский район Могильник Устье ручья Березового, курган 21. Поступил в 1979 г. Раскопки Э. Б. Вадецкой

Инвентарный номер: МКМ А ОФ-10805

176. Dagger (Funerary object)

Bronze, cast, 99×15mm

Findspot: Kurgan No. 21, Cemetery at the estuary of the Borvozoyka, Sharypovskiy, Minusinsk, Krasnoyarsk

Acquisition date and method: excavated by E. B. Vadetskaya in 1979

Inventory No. МКМ А ОФ-10805

177. 明剑

青铜，铸造。97 × 16 毫米

发现地点：克拉斯诺亚尔斯克边疆区，米努辛斯克地区，沙雷波夫区。

别寥若夫河口墓地，21 号库尔干

入馆时间及方式：1979 年，Е.В.瓦杰茨卡雅发掘

编号：МКМ А ОФ-10804

177. Кинжал миниатюрный

Бронза, литье. 97×16 мм

Место, дата и автор находки: Красноярский край, Шарыповский район Могильник Устье ручья Березового, курган 21. Поступил в 1979 г. Раскопки Э. Б. Вадецкой

Инвентарный номер: МКМ А ОФ-10804

177. Dagger (Funerary object)

Bronze, cast, 97×16mm

Findspot: Kurgan No. 21, Cemetery at the estuary of the Borvozoyka, Sharypovskiy, Minusinsk, Krasnoyarsk

Acquisition date and method: excavated by E. B. Vadetskaya in 1979

Inventory No. МКМ А ОФ-10804

178. 明剑

青铜，铸造。80 × 13 毫米

发现地点：克拉斯诺亚尔斯克边疆区，米努辛斯克地区，沙雷波夫区。别寥若夫河口墓地，21 号库尔干

入馆时间及方式：1979 年，Е.В.瓦杰茨卡雅发掘

编号：МКМ А ОФ-10803

178. Кинжал миниатюрный

Бронза, литье. 80×13 мм

Место, дата и автор находки: Красноярский край, Шарыповский район Могильник Устье ручья Березового, курган 21. Поступил в 1979 г. Раскопки Э. Б. Вадецкой

Инвентарный номер: МКМ А ОФ-10803

178. Dagger (Funerary object)

Bronze, cast, 80×13mm

Findspot: Kurgan No. 21, Cemetery at the estuary of the Borvozoyka, Sharypovskiy, Minusinsk, Krasnoyarsk

Acquisition date and method: excavated by E. B. Vadetskaya in 1979

Inventory No. МКМ А ОФ-10803

179. 战斧

青铜，铸造。116 × 65 毫米，重 336 克

发现地点：克拉斯诺亚尔斯克边疆区，米努辛斯克地区，塔什特普区，塔什特普村

入馆时间及方式：1904 年之前入馆

编号：МКМ А ОФ-451

179. Топор боевой

Бронза, литье. 116×65 мм. вес 336 г.

Место, дата и автор находки: Енисейская губерния, Минусинский уезд, Таштыпская волость, с. Таштып. Поступил до 1904 г.

Инвентарный номер: МКМ А ОФ-451

179. Shaft-hole axe

Bronze, cast, 116×65mm, weight 336g

Findspot: Tashtyp, Tashtypskaya, Minusinsk, Krasnoyarsk

Acquisition date and method: before 1904

Inventory No. MKM A ОФ-451

180. 战斧

青铜，铸造。150×49 毫米，重 441 克

发现地点：克拉斯诺亚尔斯克边疆区，米努辛斯克地区，吉格历茨区，吉格历茨科耶村

入馆时间及方式：1904 年之前入馆

编号：MKM A ОФ-442

180. Топор боевой

Бронза, литье. 150×49 мм. вес 441 г.

Место, дата и автор находки: Енисейская губерния, Минусинский уезд, Тигрицкая волость, с. Тигрицкое. Поступил до 1904 г.

Инвентарный номер: MKM A ОФ-442

180. Shaft-hole axe

Bronze, cast, 150×49mm, weight 441g

Findspot: Tigritskoye, Tigritskaya, Minusinsk, Krasnoyarsk

Acquisition date and method: before 1904

Inventory No. MKM A ОФ-442

181. 战斧

青铜，铸造。142×57 毫米，重 347 克

发现地点：克拉斯诺亚尔斯克边疆区，米努辛斯克地区，诺沃肖洛夫区，卡列琳娜村（卡列尔卡）

入馆时间及方式：1917 年之前入馆

编号：MKM A ОФ-606

181. Топор боевой

Бронза, литье. 142×57 мм. вес 347 г.

Место, дата и автор находки: Енисейская губерния, Минусинский уезд, Новосёловская волость, д. Корелина (Корелка). Поступил до 1917 г.

Инвентарный номер: MKM A ОФ-606

181. Shaft-hole axe

Bronze, cast, 142×57mm, weight 347g

Findspot: Korelka (formerly Korelina), Novoselovskaya, Minusinsk, Krasnoyarsk

Acquisition date and method: before 1917

Inventory No. MKM A ОФ-606

182. 战斧

青铜，铸造。134×70 毫米，重 368 克

发现地点：克拉斯诺亚尔斯克边疆区，米努辛斯克地区，特洛亚科夫村

入馆时间及方式：1904 年之前入馆

编号：MKM A ОФ-610

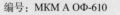

182. Топор боевой

Бронза, литье. 134×70 мм. вес 368 г.

Место, дата и автор находки: Енисейская губерния, Минусинский уезд, улус Трояков. Поступил до 1904 г.

Инвентарный номер: MKM A ОФ-610

182. Shaft-hole axe

Bronze, cast, 134×70mm, weight 368g

Findspot: Troyakov, Minusinsk, Krasnoyarsk

Acquisition date and method: before 1904

Inventory No. MKM A ОФ-610

183. 战斧

青铜，铸造。130×33 毫米，重 331 克

发现地点：克拉斯诺亚尔斯克边疆区，克拉斯诺图兰区，瑟达村。5 号库尔干，13 号墓

入馆时间及方式：1929 年，S. V. 吉谢列夫发掘

编号：MKM A ОФ-9786/108

183. Топор боевой

Бронза, литье. 130×33 мм. вес 331 г.

Место, дата и автор находки: Красноярский край, Краснотуранский р-он, с. Сыда, раскопки С. В. Киселева, курган 5, могила 13. Поступил в 1929 г.

Инвентарный номер: MKM A ОФ-9786/108

183. Shaft-hole axe

Bronze, cast, 130×33mm, weight 331g

Findspot: Burial No. 13, Kurgan No. 5, Sida, Krasnoturanskiy, Krasnoyarsk

Acquisition date and method: excavated by S. V. Kiselev in 1929

Inventory No. MKM A ОФ-9786/108

184. 战斧

青铜，铸造。223×63 毫米，重 751 克

发现地点：克拉斯诺亚尔斯克边疆区，米努辛斯克地区，别伊斯卡亚州，伊乌金纳村（尤金诺，邦达列沃）

入馆时间及方式：1917 年之前，捐赠

编号：MKM A ОФ-440

184. Топор боевой

Бронза, литье. 223×63 мм. вес 751 г.

Место, дата и автор находки: Енисейская губерния, Минусинский округ, Бейская волость, д. Иудина (Юдина,Бондарево). Поступил до 1917 г.

Инвентарный номер: MKM A ОФ-440

184. Shaft-hole axe

Bronze, cast, 223×63mm, weight 751g

Findspot: Yudino, Bondarevo (formerly Iudina), Beyskaya, Minusinsk, Krasnoyarsk

Acquisition date and method: donated before 1917

Inventory No. MKM A ОФ-440

185. 战斧

青铜，铸造。125×50 毫米，重 474 克

发现地点：克拉斯诺亚尔斯克边疆区，米努辛斯克地区，博利绍伊－托巴诺夫村

入馆时间及方式：1917 年之前入馆

编号：MKM A ОФ-441

185. Топор боевой

Бронза, литье. 125×50 мм. вес 474 г.

Место, дата и автор находки: Енисейская губерния, Минусинский уезд, улус Большой Топанов. Поступил до 1917 г.

Инвентарный номер: МКМ А ОФ-441

185. Shaft-hole axe

Bronze, cast, 125×50mm, weight 474g

Findspot: Bolshoy-TopaNov, Minusinsk, Krasnoyarsk

Acquisition date and method: before 1917

Inventory No. МКМ А ОФ-441

186. 鹤嘴斧

青铜，铸造。205×69 毫米，重 322 克

发现地点：克拉斯诺亚尔斯克边疆区，米努辛斯
克地区，塔什特普区，阿尔巴特站

入馆时间及方式：1900 年之前入馆

编号：МКМ А ОФ-585

186. Чекан

Бронза, литье. 205×69 мм. вес 322 г.

Место, дата и автор находки: Енисейская губерния, Минусинский
уезд, Таштыпская волость, станица Арбаты. Поступил до 1900 г.

Инвентарный номер: МКМ А ОФ-585

186. Crane-beak axe

Bronze, cast, 205×69mm, weight 322g

Findspot: Arbaty, Tashtypskaya, Minusinsk, Krasnoyarsk

Acquisition date and method: before 1900

Inventory No. МКМ А ОФ-585

187. 鹤嘴斧

青铜，铸造。173×85 毫米，重 280 克

发现地点：克拉斯诺亚尔斯克边疆区，米努辛斯
克地区，巴纳切夫区，格列兹努哈村

入馆时间及方式：1904 年之前入馆

编号：МКМ А ОФ-590

187. Чекан

Бронза, литье. 173×85 мм. вес 280 г.

Место, дата и автор находки: Енисейская губерния, Минусинский
уезд, Паначевская волость, с. Грязнуха. Поступил до1904 г.

Инвентарный номер: МКМ А ОФ-590

187. Crane-beak axe

Bronze, cast, 173×85mm, weight 280g

Findspot: Gryaznukha, Panachevskaya, Minusinsk, Krasnoyarsk

Acquisition date and method: before 1904

Inventory No. МКМ А ОФ-590

188. 鹤嘴斧

青铜，铸造。162×55 毫米，重 121 克

发现地点：克拉斯诺亚尔斯克边疆区，米努辛斯
克地区，瓦斯多钦区，韦勒赫尼亚－科亚村

入馆时间及方式：1917 年之前入馆

编号：МКМ А ОФ-613

188. Чекан

Бронза, литье. 162×55 мм. вес 121 г.

Место, дата и автор находки: Енисейская губерния, Минусинский
уезд, Восточенская волость, д. Верхняя Коя. Поступил до 1917 г.

Инвентарный номер: МКМ А ОФ-613

188. Crane-beak axe

Bronze, cast, 162×55mm, weight 121g

Findspot: Verkhnyaya-Koya, Vostochenskaya, Minusinsk,
Krasnoyarsk

Acquisition date and method: before 1917

Inventory No. МКМ А ОФ-613

189. 鹤嘴斧

青铜，铸造。129×38 毫米，重 34 克

发现地点：克拉斯诺亚尔斯克边疆区，米努辛斯
克地区周边

入馆时间及方式：1900 年

编号：МКМ А ОФ-584

189. Чекан

Бронза, литье. 129×38 мм. вес 34 г.

Место, дата и автор находки: Енисейская губерния, Минусинский
уезд. Поступил в 1900 г.

Инвентарный номер: МКМ А ОФ-584

189. Crane-beak axe

Bronze, cast, 129×38mm, weight 34g

Findspot: Minusinsk, Krasnoyarsk

Acquisition date and method:1900

Inventory No. МКМ А ОФ-584

190. 鹤嘴斧

青铜，铸造。150×44 毫米，重 55 克

发现地点：克拉斯诺亚尔斯克边疆区，米努辛斯
克市。N. V. 列昂季夫清理被毁坏的 4 号库尔干获
得

入馆时间及方式：1971 年，N. V. 列昂季夫发掘

编号：МКМ А ОФ-9994/42

190. Чекан

Бронза, литье. 150×44 мм. вес 55 г.

Место, дата и автор находки: Красноярский край, г. Минусинск.
Сборы Н. В. Леонтьева на разрушенных курганах. Курган 4.
Поступил в 1971 г.

Инвентарный номер: МКМ А ОФ-9994/42

190. Crane-beak axe

Bronze, cast, 150×44mm, weight 55g

Findspot: Minusinsk, Krasnoyarsk. Excavation of the destroyed
Kurgan No. 4 by N. V. Leontyev

Acquisition date and method: excavated by N. V. Leontyev in 1971.

Inventory No. МКМ А ОФ-9994/42

191. 鹤嘴斧

青铜，铸造。190×33 毫米，重 200 克

发现地点：克拉斯诺亚尔斯克边疆区，米努辛斯
克地区，别伊斯卡亚州，萨宾斯科耶村

入馆时间及方式：1917 年之前入馆

编号：МКМ А ОФ-588

191. Чекан

Бронза, литье. 190×33 мм. вес 200 г.

Место, дата и автор находки: Енисейская губерния, Минусинский уезд, Бейская волость, с. Сабинское. Поступил до 1917 г.

Инвентарный номер: МКМ А ОФ-588

191. Crane-beak axe
Bronze, cast, 190×33mm, weight 200g

Findspot: Sabinskoye, Beyskaya, Minusinsk, Krasnoyarsk

Acquisition date and method: before 1917

Inventory No. МКМ А ОФ-588

192. 鹤嘴斧
青铜，铸造。220×31毫米，重453克

发现地点：克拉斯诺亚尔斯克边疆区，米努辛斯克地区周边

入馆时间及方式：1917年之前入馆

编号：МКМ А ОФ-608

192. Чекан
Бронза, литье. 220×31 мм. вес 453 г.

Место, дата и автор находки: Енисейская губерния, Минусинский уезд. Поступил до 1917 г.

Инвентарный номер: МКМ А ОФ-608

192. Crane-beak axe
Bronze, cast, 220×31mm, weight 453g

Findspot: Minusinsk, Krasnoyarsk

Acquisition date and method: before 1917

Inventory No. МКМ А ОФ-608

193. 战斧
青铜，铸造。149×33毫米，重348克

发现地点：克拉斯诺亚尔斯克边疆区，米努辛斯克地区，舒申斯克区，别洛瓦湖

入馆时间及方式：1904年之前入馆

编号：МКМ А ОФ-453

193. Топор боевой
Бронза, литье. 149×33 мм. вес 348 г.

Место, дата и автор находки: Енисейская губерния, Минусинский уезд, Шушенская волость, Перово озеро. Поступил до 1904 г.

Инвентарный номер: МКМ А ОФ-453

193. Crane-beak axe
Bronze, cast, 149×33mm, weight 348g

Findspot: Perovo Lake, Shushenskaya, Minusinsk, Krasnoyarsk

Acquisition date and method: before 1904

Inventory No. МКМ А ОФ-453

194. 鹤嘴斧
青铜，铸造。195×29毫米，重252克

发现地点：克拉斯诺亚尔斯克边疆区，米努辛斯克地区，科切尔金区，郭勒马科沃村

入馆时间及方式：1900年

编号：МКМ А ОФ-581

194. Чекан
Бронза, литье. 195×29 мм. вес 252 г.

Место, дата и автор находки: Енисейская губерния, Минусинский

уезд, Кочергинская волость, с. Колмаково. Поступил в 1900 г.

Инвентарный номер: МКМ А ОФ-581

194. Crane-beak axe
Bronze, cast, 195×29mm, weight 252g

Findspot: Kolmakovo, Kocherginskaya, Minusinsk, Krasnoyarsk

Acquisition date and method: 1900

Inventory No. МКМ А ОФ-581

195. 镦
青铜，铸造。79×40毫米，重63克

发现地点：克拉斯诺亚尔斯克边疆区，米努辛斯克地区，科切尔金区，郭勒马科沃村

入馆时间及方式：1917年之前入馆

编号：МКМ А ОФ-768

195. Вток
Бронза, литье. 79×40 мм. вес 63 г.

Место, дата и автор находки: Енисейская губерния, Минусинский уезд, Кочергинская волость, с. Колмаково. Поступил до 1917 г.

Инвентарный номер: МКМ А ОФ-768

195. Cap for the butt of a spear shaft
Bronze, cast, 79×40mm, weight 63g

Findspot: Kolmakovo, Kocherginskaya, Minusinsk, Krasnoyarsk

Acquisition date and method: before 1917

Inventory No. МКМ А ОФ-768

196. 镦
青铜，铸造。88×31毫米，重122克

发现地点：克拉斯诺亚尔斯克边疆区，米努辛斯克地区，科姆斯区，格列金村

入馆时间及方式：1917年之前入馆

编号：МКМ А ОФ-706

196. Вток
Бронза, литье. 88×31 мм. вес 122 г.

Место, дата и автор находки: Енисейская губерния, Минусинский уезд, Комская волость, д. Глядень. Поступил до 1917 г.

Инвентарный номер: МКМ А ОФ-706

196. Cap for the butt of a spear shaft
Bronze, cast, 88×31mm, weight 122g

Findspot: Glyaden, Komskaya, Minusinsk, Krasnoyarsk

Acquisition date and method: before 1917

Inventory No. МКМ А ОФ-706

197. 鹤嘴斧
铁质。长230毫米，管銎直径40毫米，重304克

发现地点：克拉斯诺亚尔斯克边疆区，米努辛斯克地区，捷辛区，博利沙亚－因尼亚村

入馆时间及方式：1899年之前入馆

编号：МКМ А ОФ-6801

197. Чекан
Железо. Длина 230 мм. диаметр втулки 40 мм. вес 304 г.

Место, дата и автор находки: Енисейская губерния, Минусинский (с 1886 г.) округ, Тесинская волость, д. Большая Иня. Поступил до 1899 г.

Инвентарный номер: МКМ А ОФ-6801

197. Crane-beak axe

Iron, length 230mm, socket diameter 40mm, weight 304g

Findspot: Bolshaya-Inya, Tesinskaya, Minusinsk, Krasnoyarsk

Acquisition date and method: before 1899

Inventory No. МКМ А ОФ-6801

198. 鹤嘴斧

青铜，铸造。135×38 毫米，重 51 克

发现地点：克拉斯诺亚尔斯克边疆区，米努辛斯克地区，科亚河

入馆时间及方式：1917 年之前入馆

编号：МКМ А ОФ-641

198. Чекан

Бронза, литье. 135×38 мм. вес 51 г.

Место, дата и автор находки: Енисейская губерния, Минусинский уезд, р. Коя. Поступил до 1917 г.

Инвентарный номер: МКМ А ОФ-641

198. Crane-beak axe

Bronze, cast, 135×38mm, weight 51g

Findspot: Koya River, Minusinsk, Krasnoyarsk

Acquisition date and method: before 1917

Inventory No. МКМ А ОФ-641

199. 明鹤嘴斧

青铜，铸造。115×9 毫米，重 24 克

发现地点：克拉斯诺亚尔斯克边疆区，米努辛斯克地区，沙雷波夫区。别寥若夫河口墓地，21 号库尔干

入馆时间及方式：1979 年，E.B. 瓦杰茨卡雅发掘

编号：МКМ А ОФ-10814

199. Чекан миниатюрный

Бронза, литье. 115×9 мм. вес 24 г.

Место, дата и автор находки: Красноярский край, Шарыповский район. Могильник Устье ручья Березового, курган 21. Поступил в 1979 г. Раскопки Э. Б. Вадецкой

Инвентарный номер: МКМ А ОФ-10814

199. Crane-beak axe (Funerary object)

Bronze, cast, 115×9mm, weight 24g

Findspot: Kurgan No. 21, Cemetery at the estuary of the Borvozoyka, Sharypovskiy, Minusinsk, Krasnoyarsk

Acquisition date and method: excavated by E. B. Vadetskaya in 1979

Inventory No. МКМ А ОФ-10814

200. 明鹤嘴斧

青铜，铸造。73×18 毫米，重 21 克

发现地点：克拉斯诺亚尔斯克边疆区，米努辛斯克地区，沙雷波夫区。别寥若夫河口墓地，21 号库尔干

入馆时间及方式：1979 年，E.B. 瓦杰茨卡雅发掘

编号：МКМ А ОФ-10817

200. Чекан миниатюрный

Бронза, литье. 73×18 мм. вес 21 г.

Место, дата и автор находки: Красноярский край, Шарыповский район. Могильник Устье ручья Березового, курган 21. Поступил в 1979 г. Раскопки Э. Б. Вадецкой

Инвентарный номер: МКМ А ОФ-10817

200. Crane-beak axe (Funerary object)

Bronze, cast, 73×18mm

Findspot: Kurgan No. 21, Cemetery at the estuary of the Borvozoyka, Sharypovskiy, Minusinsk, Krasnoyarsk

Acquisition date and method: excavated by E. B. Vadetskaya in 1979

Inventory No. МКМ А ОФ-10817

201. 明鹤嘴斧

青铜，铸造。84×21 毫米，重 22 克

发现地点：克拉斯诺亚尔斯克边疆区，米努辛斯克地区，沙雷波夫区。别寥若夫河口墓地，21 号库尔干

入馆时间及方式：1979 年，E.B. 瓦杰茨卡雅发掘

编号：МКМ А ОФ-10813

201. Чекан миниатюрный

Бронза, литье. 84×21 мм. вес 22 г.

Место, дата и автор находки: Красноярский край, Шарыповский район, Могильник Устье ручья Березового. курган 21. Поступил в 1979 г. Раскопки Э. Б. Вадецкой

Инвентарный номер: МКМ А ОФ-10813

201. Crane-beak axe (Funerary object)

Bronze, cast, 84×21mm, weight 22g

Findspot: Kurgan No. 21, Cemetery at the estuary of the Borvozoyka, Sharypovskiy, Minusinsk, Krasnoyarsk

Acquisition date and method: excavated by E. B. Vadetskaya in 1979

Inventory No. МКМ А ОФ-10813

202. 矛

青铜，铸造。105×24 毫米

发现地点：克拉斯诺亚尔斯克边疆区，米努辛斯克地区周边

入馆时间及方式：1917 年之前入馆

编号：МКМ А ОФ-7215

202. Наконечник копья

Бронза, литье. 105×24 мм

Место, дата и автор находки: Енисейская губерния, Минусинский уезд. Поступил до 1917 г.

Инвентарный номер: МКМ А ОФ-7215

202. Spearhead

Bronze, cast, 105×24mm

Findspot: Minusinsk, Krasnoyarsk

Acquisition date and method: before 1917

Inventory No. МКМ А ОФ-7215

203. 矛

青铜，铸造。410×56 毫米

发现地点：克拉斯诺亚尔斯克边疆区，米努辛斯克地区，阿斯克兹区，乌斯季－叶辛斯科耶村

入馆时间及方式：1917 年之前入馆

编号：MKM A ОФ-7236

203. Наконечник копья

Бронза, литье. 410×56 мм

Место, дата и автор находки: Енисейская губерния, Минусинский уезд, Аскызская волость, с. Усть-Есинское. Поступил до 1917 г.

Инвентарный номер: MKM A ОФ-7236

203. Spearhead

Bronze, cast, 410×56mm

Findspot: Ust-Yesinskoye, Askyzskaya, Minusinsk, Krasnoyarsk

Acquisition date and method: before 1917

Inventory No. MKM A ОФ-7236

204. 矛

青铜，铸造。245 × 50 毫米

发现地点：克拉斯诺亚尔斯克边疆区，米努辛斯克地区周边

入馆时间及方式：1917 年之前入馆

编号：MKM A ОФ-7235

204. Наконечник копья

Бронза, литье. 245×50 мм

Место, дата и автор находки: Енисейская губерния, Минусинский уезд. Поступил до 1917 г.

Инвентарный номер: MKM A ОФ-7235

204. Spearhead

Bronze, cast, 245×50mm

Findspot: Minusinsk, Krasnoyarsk

Acquisition date and method: before 1917

Inventory No. MKM A ОФ-7235

205. 明弓

青铜，铸造。50 × 18 毫米

发现地点：克拉斯诺亚尔斯克边疆区，米努辛斯克地区周边

入馆时间及方式：1917 年之前入馆

编号：MKM A ОФ-9326

205. Подвеска в виде лука

Бронза, литье. 50×18 мм

Место, дата и автор находки: Енисейская губерния, Минусинский уезд. Поступил до 1917 г.

Инвентарный номер: MKM A ОФ-9326

205. Bow (Funerary object)

Bronze, cast, 50×18mm

Findspot: Minusinsk, Krasnoyarsk

Acquisition date and method: before 1917

Inventory No. MKM A ОФ-9326

206. 明弓

青铜，铸造。73 × 25 毫米

发现地点：克拉斯诺亚尔斯克边疆区，米努辛斯克地区，塔什特普区，伊筬克村

入馆时间及方式：1904 年之前入馆

编号：MKM A ОФ-9328

206. Подвеска в виде лука вгорите

Бронза, литье. 73×25 мм

Место, дата и автор находки: Енисейская губерния, Минусинский уезд, Таштыпская волость, д. Имек. Поступил до 1904 г.

Инвентарный номер: MKM A ОФ-9328

206. Bow (Funerary object)

Bronze, cast, 73×25mm

Findspot: Imek, Tashty, Minusinsk, Krasnoyarsk

Acquisition date and method: before 1904

Inventory No. MKM A ОФ-9328

207. 镞

青铜，铸造。70 × 20 毫米

发现地点：克拉斯诺亚尔斯克边疆区，米努辛斯克地区周边

入馆时间及方式：1904 年之前入馆

编号：MKM A ОФ-7363

207. Наконечник стрелы

Бронза, литье. 70×20 мм

Место, дата и автор находки: Енисейская губерния, Минусинский уезд. Поступил до 1904 г.

Инвентарный номер: MKM A ОФ-7363

207. Arrowhead

Bronze, cast, 70×20mm

Findspot: Minusinsk, Krasnoyarsk

Acquisition date and method: before 1904

Inventory No. MKM A ОФ-7363

208. 镞

青铜，铸造。56 × 15 毫米

发现地点：克拉斯诺亚尔斯克边疆区，米努辛斯克地区，卡普特列夫区，卡普特列夫斯科耶村

入馆时间及方式：1904 年之前入馆

编号：MKM A ОФ-7248

208. Наконечник стрелы

Бронза, литье. 56×15 мм

Место, дата и автор находки: Енисейская губерния, Минусинский уезд, Каптыревская волость, с. Каптыревское. Поступил до 1904 г.

Инвентарный номер: MKM A ОФ-7248

208. Arrowhead

Bronze, cast, 56×15mm

Findspot: Kaptyrevskoye, Kaptyrevskaya, Minusinsk, Krasnoyarsk

Acquisition date and method: before 1904

Inventory No. MKM A ОФ-7248

209. 镞

青铜，铸造。36 × 10 毫米

发现地点：克拉斯诺亚尔斯克边疆区，米努辛斯克地区，别伊斯卡亚州，萨宾斯科耶村
入馆时间及方式：1904 年之前入馆
编号：MKM A ОФ-7316

209. Наконечник стрелы
Бронза, литье. 36×10 мм
Место, дата и автор находки: Енисейская губерния, Минусинский уезд, Бейская волость, с. Сабинское. Поступил до 1904 г.
Инвентарный номер: MKM A ОФ-7316

209. Arrowhead
Bronze, cast, 36×10mm
Findspot: Sabinskoye, Beyskaya, Minusinsk, Krasnoyarsk
Acquisition date and method: before 1904
Inventory No. MKM A ОФ-7316

210. 镞
青铜，铸造。46×14 毫米
发现地点：克拉斯诺亚尔斯克边疆区，米努辛斯克地区，别伊斯卡亚州，别伊斯科耶村
入馆时间及方式：1904 年之前入馆
编号：MKM A ОФ-7355

210. Наконечник стрелы
Бронза, литье. 46×14 мм
Место, дата и автор находки: Енисейская губерния, Минусинский уезд, Бейская волость, с. Бейское. Поступил до 1904 г.
Инвентарный номер: MKM A ОФ-7355

210. Arrowhead
Bronze, cast, 46×14mm
Findspot: Sabinskoye, Beyskaya, Minusinsk, Krasnoyarsk
Acquisition date and method: before 1904
Inventory No. MKM A ОФ-7355

211. 镞
青铜，铸造。66×22 毫米
发现地点：克拉斯诺亚尔斯克边疆区，米努辛斯克地区，瓦斯多钦区，博利沙亚 – 尼奇卡村
入馆时间及方式：1904 年之前入馆
编号：MKM A ОФ-7240

211. Наконечник стрелы
Бронза, литье. 66×22 мм
Место, дата и автор находки: Енисейская губерния, Минусинский уезд, Восточенская волость, д. Большая Ничка. Поступил до 1904 г.
Инвентарный номер: MKM A ОФ-7240

211. Arrowhead
Bronze, cast, 66×22mm
Findspot: Bolshaya-Nichka, Vostochenskaya, Minusinsk, Krasnoyarsk
Acquisition date and method: before 1904
Inventory No. MKM A ОФ-7240

212. 镞
青铜，铸造。45×17 毫米
发现地点：克拉斯诺亚尔斯克边疆区，米努辛斯克地区，卡普特列夫区，萨扬卡村（萨扬斯卡亚）
入馆时间及方式：1904 年之前入馆
编号：MKM A ОФ-7412

212. Наконечник стрелы
Бронза, литье. 45×17 мм
Место, дата и автор находки: Енисейская губерния, Минусинский уезд, Каптыревская волость, д. Саянка (Саянская). Поступил до 1904 г.
Инвентарный номер: MKM A ОФ-7412

212. Arrowhead
Bronze, cast, 45×17mm
Findspot: Sayanskaya (formerly Sayanka), Kaptyrevskaya, Minusinsk, Krasnoyarsk
Acquisition date and method: before 1904
Inventory No. MKM A ОФ-7412

213. 镞
青铜，铸造。40×17 毫米
发现地点：克拉斯诺亚尔斯克边疆区，米努辛斯克地区，瓦斯多钦区，韦勒赫尼亚 – 科亚村
入馆时间及方式：1904 年之前入馆
编号：MKM A ОФ-7383

213. Наконечник стрелы
Бронза, литье. 40×17 мм
Место, дата и автор находки: Енисейская губерния, Минусинский уезд, Восточенская волость, д. Верхняя Коя. Поступил до 1904 г.
Инвентарный номер: MKM A ОФ-7383

213. Arrowhead
Bronze, cast, 40×17mm
Findspot: Verkhnyaya-Koya, Vostochenskaya, Minusinsk, Krasnoyarsk
Acquisition date and method: before 1904
Inventory No. MKM A ОФ-7383

214. 镞
青铜，铸造。44×13 毫米
发现地点：克拉斯诺亚尔斯克边疆区，米努辛斯克地区周边
入馆时间及方式：1904 年之前入馆
编号：MKM A ОФ-7350

214. Наконечник стрелы
Бронза, литье. 44×13 мм
Место, дата и автор находки: Енисейская губерния, Минусинский уезд. Поступил до 1904 г.
Инвентарный номер: MKM A ОФ-7350

214. Arrowhead
Bronze, cast, 44×13mm
Findspot: Minusinsk, Krasnoyarsk
Acquisition date and method: before 1904

Inventory No. MKM A ОФ-7350

215. 镞
青铜，铸造。80×18 毫米
发现地点：克拉斯诺亚尔斯克边疆区，米努辛斯克地区，马拉－米努辛斯克区，马拉－米努辛斯科耶村
入馆时间及方式：1904 年之前入馆
编号：MKM A ОФ-7239

215. Наконечник стрелы
Бронза, литье. 80×18 мм
Место, дата и автор находки: Енисейская губерния, Минусинский уезд, Мало-Минусинская волость, с. Мало-Минусинское. Поступил до 1904 г.
Инвентарный номер: МКМ А ОФ-7239

215. Arrowhead
Bronze, cast, 80×18mm
Findspot: Malo-Minusinskoe, Malo-Minusinskaya, Minusinsk, Krasnoyarsk
Acquisition date and method: before 1904
Inventory No. MKM A ОФ-7239

216. 镞
青铜，铸造。46×13 毫米
发现地点：克拉斯诺亚尔斯克边疆区，米努辛斯克地区，别尔雷克区，别尔雷克村
入馆时间及方式：1904 年之前入馆
编号：MKM A ОФ-7398

216. Наконечник стрелы
Бронза, литье. 46×13 мм
Место, дата и автор находки: Енисейская губерния, Минусинский уезд, Беллыкская волость, с. Беллык. Поступил до 1904 г.
Инвентарный номер: МКМ А ОФ-7398

216. Arrowhead
Bronze, cast, 46×13mm
Findspot: Bellyk, Bellykskaya, Minusinsk, Krasnoyarsk
Acquisition date and method: before 1904
Inventory No. MKM A ОФ-7238

217. 镞
青铜，铸造。38×11 毫米
发现地点：克拉斯诺亚尔斯克边疆区，米努辛斯克地区，科切尔金区，郭勒马科沃村
入馆时间及方式：1904 年之前入馆
编号：MKM A ОФ-7250

217. Наконечник стрелы
Бронза, литье. 38×11 мм
Место, дата и автор находки: Енисейская губерния, Минусинский уезд, Кочергинская волость, с. Колмаково. Поступил до 1904 г.
Инвентарный номер: МКМ А ОФ-7250

217. Arrowhead
Bronze, cast, 38×11mm

Findspot: Kolmakovo, Kocherginskaya, Minusinsk, Krasnoyarsk
Acquisition date and method: before 1904
Inventory No. MKM A ОФ-7250

218. 镞
青铜，铸造。48×12 毫米
发现地点：克拉斯诺亚尔斯克边疆区，米努辛斯克地区周边
入馆时间及方式：1904 年之前入馆
编号：MKM A ОФ-7346

218. Наконечник стрелы
Бронза, литье. 48×12 мм
Место, дата и автор находки: Енисейская губерния, Минусинский уезд. Поступил до 1904 г.
Инвентарный номер: МКМ А ОФ-7346

218. Arrowhead
Bronze, cast, 48×12mm
Findspot: Minusinsk, Krasnoyarsk
Acquisition date and method: before 1904
Inventory No. MKM A ОФ-7346

219. 镞
青铜，铸造。35×8 毫米
发现地点：克拉斯诺亚尔斯克边疆区，米努辛斯克地区，卢加夫区，卢加夫斯科耶村
入馆时间及方式：1904 年之前入馆
编号：MKM A ОФ-7471

219. Наконечник стрелы
Бронза, литье. 35×8 мм
Место, дата и автор находки: Енисейская губерния, Минусинский уезд, Лугавская волость, с. Лугавское. Поступил до 1904 г.
Инвентарный номер: МКМ А ОФ-7471

219. Arrowhead
Bronze, cast, 35×8mm
Findspot: Lugavskoye, Lugavskaya, Minusinsk, Krasnoyarsk
Acquisition date and method: before 1904
Inventory No. MKM A ОФ-7471

220. 刀
青铜，铸造。221×20 毫米
发现地点：克拉斯诺亚尔斯克边疆区，米努辛斯克地区，马拉－米努辛斯克区，郭罗多克村
入馆时间及方式：1917 年之前入馆
编号：MKM A ОФ-3972

220. Нож
Бронза, литье. 221×20 мм
Место, дата и автор находки: Енисейская губерния, Минусинский уезд, Мало-Минусинская волость, с. Городок. Поступил до 1917 г.
Инвентарный номер: МКМ А ОФ-3972

220. Knife
Bronze, cast, 221×20mm
Findspot: Gorodok, Malo-Minusinskaya, Minusinsk, Krasnoyarsk

Acquisition date and method: before 1917

Inventory No. MKM A ОФ-3972

221. 刀
青铜，铸造。173×19 毫米

发现地点：克拉斯诺亚尔斯克边疆区，米努辛斯

克地区，伊兹克古力河

入馆时间及方式：1917 年之前入馆

编号：MKM A ОФ-3948

221. Нож
Бронза, литье. 173×19 мм

Место, дата и автор находки: Енисейская губерния, Минусинский

уезд, река Изыкгуль. Поступил до 1917 г.

Инвентарный номер: MKM A ОФ-3948

221. Knife
Bronze, cast, 173×19mm

Findspot: Izikgul River, Minusinsk, Krasnoyarsk

Acquisition date and method: before 1917

Inventory No. MKM A ОФ-3948

222. 刀
青铜，铸造。198×17 毫米

发现地点：克拉斯诺亚尔斯克边疆区，米努辛斯

克地区，马拉 – 米努辛斯克区，马拉 – 米努辛斯

科耶村

入馆时间及方式：1917 年之前入馆

编号：MKM A ОФ-4054

222. Нож
Бронза, литье. 198×17 мм

Место, дата и автор находки: Енисейская губерния, Минусинский

уезд, Мало-Минусинская волость, с. Мало-Минусинское.

Поступил до 1917 г.

Инвентарный номер: MKM A ОФ-4054

222. Knife
Bronze, cast, 198×17mm

Findspot: Malo-Minusinskoe, Malo-Minusinskaya, Minusinsk,

Krasnoyarsk

Acquisition date and method: before 1917

Inventory No. MKM A ОФ-4054

223. 刀
青铜，铸造。211×20 毫米

发现地点：克拉斯诺亚尔斯克边疆区，米努辛斯

克地区，沙拉博林区，卡夫卡兹斯科耶村

入馆时间及方式：1917 年之前入馆

编号：MKM A ОФ-3827

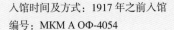

223. Нож с вкладышевым шилом
Бронза, литье. 211×20 мм

Место, дата и автор находки: Енисейская губерния, Минусинский

уезд, Шалаболинская волость, с. Кавказское. Поступил до 1917 г.

Инвентарный номер: MKM A ОФ-3827

223. Knife

Bronze, cast, 211×20mm

Findspot: Kavkazskoye, Shalabolinskaya, Minusinsk, Krasnoyarsk

Acquisition date and method: before 1917

Inventory No. MKM A ОФ-3827

224. 刀
青铜，铸造。181×20 毫米

发现地点：克拉斯诺亚尔斯克边疆区，米努辛斯

克地区

入馆时间及方式：1917 年之前入馆

编号：MKM A ОФ-3975

224. Нож
Бронза, литье. 181×20 мм

Место, дата и автор находки: Енисейская губерния, Минусинский

уезд. Поступил до 1917 г.

Инвентарный номер: MKM A ОФ-3975

224. Knife
Bronze, cast, 181×20mm

Findspot: Minusinsk, Krasnoyarsk

Acquisition date and method: before 1917

Inventory No. MKM A ОФ-3975

225. 刀
青铜，铸造。205×15 毫米

发现地点：克拉斯诺亚尔斯克边疆区，米努辛斯

克地区，科姆斯区，马拉亚 – 捷西村

入馆时间及方式：1917 年之前入馆

编号：MKM A ОФ-3811

225. Нож
Бронза, литье. 205×15 мм

Место, дата и автор находки: Енисейская губерния, Минусинский

уезд, Комская волость, д. Малая Тесь. Поступил до 1917 г.

Инвентарный номер: MKM A ОФ-3811

225. Knife
Bronze, cast, 205×15mm

Findspot: Malaya-Tes, Komskaya, Minusinsk, Krasnoyarsk

Acquisition date and method: before 1917

Inventory No. MKM A ОФ-3811

226. 刀
青铜，铸造。175×19 毫米

发现地点：克拉斯诺亚尔斯克边疆区，米努辛斯

克地区，乌特村

入馆时间及方式：1917 年之前入馆

编号：MKM A ОФ-3960

226. Нож
Бронза, литье. 175×19 мм

Место, дата и автор находки: Енисейская губерния, Минусинский

уезд, д. Уты. Поступил до 1917 г.

Инвентарный номер: MKM A ОФ-3960

226. Knife
Bronze, cast, 175×19mm

Findspot: Uti, Minusinsk, Krasnoyarsk

Acquisition date and method: before 1917

Inventory No. MKM A ОФ-3960

227. 刀

青铜，铸造。189×31 毫米

发现地点：克拉斯诺亚尔斯克边疆区，米努辛斯
克地区，卢加夫区，克里瓦亚村

入馆时间及方式：1917 年之前入馆

编号：MKM A ОФ-3962

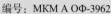

227. Нож

Бронза, литье. 189×31 мм

Место, дата и автор находки: Енисейская губерния, Минусинский
уезд, Лугавская волость, д. Кривая. Поступил до 1917 г.

Инвентарный номер: MKM A ОФ-3962

227. Knife

Bronze, cast, 189×31mm

Findspot: Krivaya, Lugava, Minusinsk, Krasnoyarsk

Acquisition date and method: before 1917

Inventory No. MKM A ОФ-3962

228. 刀

青铜，铸造。186×18 毫米

发现地点：克拉斯诺亚尔斯克边疆区，米努辛斯
克地区，巴尔瑙尔村

入馆时间及方式：1917 年之前入馆

编号：MKM A ОФ-3971

228. Нож

Бронза, литье. 186×18 мм

Место, дата и автор находки: Енисейская губерния, Минусинский
уезд, Барнаульская заимка. Поступил до 1917 г.

Инвентарный номер: MKM A ОФ-3971

228. Knife

Bronze, cast, 186×18mm

Findspot: Barnau, Minusinsk, Krasnoyarsk

Acquisition date and method: before 1917

Inventory No. MKM A ОФ-3971

229. 刀

青铜，铸造。169×15 毫米

发现地点：克拉斯诺亚尔斯克边疆区，米努辛斯
克地区，科切尔金区，郭勒马科沃村

入馆时间及方式：1917 年之前入馆

编号：MKM A ОФ-3815

229. Нож

Бронза, литье. 169×15 мм

Место, дата и автор находки: Енисейская губерния, Минусинский
уезд, Кочергинская волость, с. Колмаково. Поступил до 1917 г.

Инвентарный номер: MKM A ОФ-3815

229. Knife

Bronze, cast, 169×15mm

Findspot: Kolmakovo, Kocherginskaya, Minusinsk, Krasnoyarsk

Acquisition date and method: before 1917

Inventory No. MKM A ОФ-3815

230. 刀

青铜，铸造。157×16 毫米

发现地点：克拉斯诺亚尔斯克边疆区，米努辛斯
克地区，别尔雷克区，别尔雷克村

入馆时间及方式：1917 年之前入馆

编号：MKM A ОФ-3925

230. Нож

Бронза, литье. 157×16 мм

Место, дата и автор находки: Енисейская губерния, Минусинский
уезд, Беллыкская волость, с. Беллык. Поступил до 1917 г.

Инвентарный номер: MKM A ОФ-3925

230. Knife

Bronze, cast, 157×16mm

Findspot: Bellyk, Bellykskaya, Minusinsk, Krasnoyarsk

Acquisition date and method: before 1917

Inventory No. MKM A ОФ-3925

231. 刀

青铜，铸造。127×21 毫米

发现地点：克拉斯诺亚尔斯克边疆区，米努辛斯
克地区，克柳奇村

入馆时间及方式：1917 年之前入馆

编号：MKM A ОФ-3964

231. Нож

Бронза, литье. 127×21 мм

Место, дата и автор находки: Енисейская губерния, Минусинский
уезд, с. Ключи. Поступил до 1917 г.

Инвентарный номер: MKM A ОФ-3964

231. Knife

Bronze, cast, 127×21mm

Findspot: Klyuchi, Minusinsk, Krasnoyarsk

Acquisition date and method: before 1917

Inventory No. MKM A ОФ-3964

232. 刀

青铜，铸造。246×25 毫米

发现地点：克拉斯诺亚尔斯克边疆区，米努辛斯
克地区，贝斯特拉亚村

入馆时间及方式：1971 年，征集

编号：MKM A ОФ-9993/2

232. Нож

Бронза, литье. 246×25 мм

Место, дата и автор находки: Красноярский край, Минусинский
район, с. Быстрая. Случайная находка в 1971 г.

Инвентарный номер: MKM A ОФ-9993/2

232. Knife

Bronze, cast, 246×25mm

Findspot: Bystraya, Minusinsk, Krasnoyarsk

Acquisition date and method: collected in 1971

233. 刀

青铜，铸造。155×15 毫米

发现地点：克拉斯诺亚尔斯克边疆区，米努辛斯克地区

入馆时间及方式：1929 年，从 P. I. 托瓦斯金购得

编号：MKM A ОФ-9810/17

233. Нож

Бронза, литье. 155×15 мм

Место, дата и автор находки: Енисейская губерния, Минусинский уезд. Куплен у П. И. Товостина в 1929 г.

Инвентарный номер: MKM A ОФ-9810/17

233. Knife

Bronze, cast, 155×15mm

Findspot: Minusinsk, Krasnoyarsk

Acquisition date and method: purchased from P. I. Tovastin in 1929

Inventory No. MKM A ОФ-9810/17

234. 刀

青铜，铸造。204×27 毫米

发现地点：克拉斯诺亚尔斯克边疆区，米努辛斯克地区，沙拉博林区，卡拉克金奥诺瓦村

入馆时间及方式：1917 年之前入馆

编号：MKM A ОФ-3932

234. Нож

Бронза, литье. 204×27 мм

Место, дата и автор находки: Енисейская губерния, Минусинский уезд, Шалаболинская волость, д. Галактионова. Поступил до 1917 г.

Инвентарный номер: MKM A ОФ-3932

234. Knife

Bronze, cast, 204×27mm

Findspot: Galaktionova, Shalabolinskaya, Minusinsk, Krasnoyarsk

Acquisition date and method: before 1917

Inventory No. MKM A ОФ-3932

235. 刀

青铜，铸造。174×25 毫米

发现地点：克拉斯诺亚尔斯克边疆区，米努辛斯克地区，诺沃肖洛夫区，阿耶什卡村

入馆时间及方式：1917 年之前入馆

编号：MKM A ОФ-3766

235. Нож

Бронза, литье. 174×25 мм

Место, дата и автор находки: Енисейская губерния, Минусинский уезд, Новосёловская волость, д. Аешка. Поступил до 1917 г.

Инвентарный номер: MKM A ОФ-3766

235. Knife

Bronze, cast, 174×25mm

Findspot: Aeshka, Novoselovskaya, Minusinsk, Krasnoyarsk

Acquisition date and method: before 1917

236. 刀

青铜，铸造。190×25 毫米

发现地点：克拉斯诺亚尔斯克边疆区，米努辛斯克地区

入馆时间及方式：1929 年，从 P. I. 托瓦斯金购得

编号：MKM A ОФ-9810/18

236. Нож

Бронза, литье. 190×25 мм

Место, дата и автор находки: Енисейская губерния, Минусинский уезд. Куплен у П. И. Товостина в 1929 г.

Инвентарный номер: MKM A ОФ-9810/18

236. Knife

Bronze, cast, 190×25mm

Findspot: Minusinsk, Krasnoyarsk

Acquisition date and method: purchased from P. I. Tovastin in 1929

Inventory No. MKM A ОФ-9810/18

237. 刀

青铜，铸造。183×17 毫米

发现地点：克拉斯诺亚尔斯克边疆区，米努辛斯克地区，诺沃肖洛夫区，果格列瓦村

入馆时间及方式：1917 年之前入馆

编号：MKM A ОФ-4057

237. Нож

Бронза, литье. 183×17 мм

Место, дата и автор находки: Енисейская губерния, Минусинский уезд, Новосёловская волость, д. Кокорева. Поступил до 1917 г.

Инвентарный номер: MKM A ОФ-4057

237. Knife

Bronze, cast, 183×17mm

Findspot: Kokoreva, Novosolovskaya, Minusinsk, Krasnoyarsk

Acquisition date and method: before 1917

Inventory No. MKM A ОФ-4057

238. 刀

青铜，铸造。188×16 毫米

发现地点：克拉斯诺亚尔斯克边疆区，米努辛斯克地区，科切尔金区，马拉亚－因尼亚村

入馆时间及方式：1917 年之前入馆

编号：MKM A ОФ-3981

238. Нож

Бронза, литье. 188×16 мм

Место, дата и автор находки: Енисейская губерния, Минусинский уезд, Кочергинская волость, д. Малая Иня. Поступил до 1917 г.

Инвентарный номер: MKM A ОФ-3981

238. Knife

Bronze, cast, 188×16mm

Findspot: Malaya-Inya, Kocherginskaya, Minusinsk, Krasnoyarsk

Acquisition date and method: before 1917

Inventory No. MKM A ОФ-3981

239. 刀

青铜，铸造。178×20 毫米

发现地点：克拉斯诺亚尔斯克边疆区，米努辛斯克地区

入馆时间及方式：1917 年之前入馆

编号：MKM A ОФ-4056

239. Нож

Бронза, литье. 178×20 мм

Место, дата и автор находки: Енисейская губерния, Минусинский уезд. Поступил до 1917 г.

Инвентарный номер: МКМ А ОФ-4056

239. Knife

Bronze, cast, 178×20mm

Findspot: Minusinsk, Krasnoyarsk

Acquisition date and method: before 1917

Inventory No. MKM A ОФ-4056

240. 刀

青铜，铸造。179×22 毫米

发现地点：克拉斯诺亚尔斯克边疆区，米努辛斯克地区，库拉金区，卡切勒给诺村，6 号库尔干

入馆时间及方式：1928 年，S. V. 吉谢列夫发掘

编号：MKM A ОФ-9775/45

240. Нож

Бронза, литье. 179×22 мм

Место, дата и автор находки: Красноярский край, Курагинский район, с. Кочергино. Курганный могильник у с. Кочергино, курган 6. Раскопки С. В. Киселева 1928 г.

Инвентарный номер: МКМ А ОФ-9775/45

240. Knife

Bronze, cast, 179×22mm

Findspot: Kurgan No. 6, Kochergino, Kuraginskiy, Minusinsk, Krasnoyarsk

Acquisition date and method: excavated by S. V. Kiselev in 1928

Inventory No. MKM A ОФ-9775/45

241. 刀

青铜，铸造。219×19 毫米

发现地点：克拉斯诺亚尔斯克边疆区，米努辛斯克地区，瓦斯多钦区，韦勒赫尼亚 – 科亚村

入馆时间及方式：1917 年之前入馆

编号：MKM A ОФ-3235

241. Нож

Бронза, литье. 219×19 мм

Место, дата и автор находки: Енисейская губерния, Минусинский уезд, Восточенская волость, д. Верхняя Коя. Поступил до 1917 г.

Инвентарный номер: МКМ А ОФ-3235

241. Knife

Bronze, cast, 219×19mm

Findspot: Verkhnyaya-Koya, Vostochenskaya, Minusinsk, Krasnoyarsk

Acquisition date and method: before 1917

Inventory No. MKM A ОФ-3235

242. 刀

青铜，铸造。192×20 毫米

发现地点：克拉斯诺亚尔斯克边疆区，米努辛斯克地区周边

入馆时间及方式：1929 年，从 P. I. 托瓦斯金购得

编号：MKM A ОФ-9810/9

242. Нож

Бронза, литье. 192×20мм

Место, дата и автор находки: Енисейская губерния, Минусинский уезд. Куплен у П. И. Товостина в 1929 г.

Инвентарный номер: МКМ А ОФ-9810/9

242. Knife

Bronze, cast, 192×20mm

Findspot: Minusinsk, Krasnoyarsk

Acquisition date and method: purchased from P. I. Tovastin in 1929

Inventory No. MKM A ОФ-9810/9

243. 刀

青铜，铸造。183×15 毫米

发现地点：克拉斯诺亚尔斯克边疆区，米努辛斯克地区，库拉金区，沙拉博林纳村

入馆时间及方式：1929 年，V. E. 托尔别金清理窖藏所得

编号：MKM A ОФ-9796/11

243. Нож

Бронза, литье. 183×15 мм

Место, дата и автор находки: Красноярский край, Курагинский район, с. Шалаболино. Из состава клада, найденного у с. Шалаболино в 1929 г. Поступил от В. Е. Толпегина

Инвентарный номер: МКМ А ОФ-9796/11

243. Knife

Bronze, cast, 183×15mm

Findspot: Storage pit, Shalabolino, Kuraginskiy, Minusinsk, Krasnoyarsk

Acquisition date and method: excavated by V. E. Tolpegin in 1929

Inventory No. MKM A ОФ-9796/11

244. 刀

青铜，铸造。377×25 毫米

发现地点：克拉斯诺亚尔斯克边疆区，米努辛斯克地区周边

入馆时间及方式：1917 年之前入馆

编号：MKM A ОФ-3936

244. Нож

Бронза, литье. 377×25 мм

Место, дата и автор находки: Енисейская губерния, Минусинский уезд. Поступил до 1917 г.

Инвентарный номер: МКМ А ОФ-3936

244. Knife

Bronze, cast, 377×25mm

Findspot: Minusinsk, Krasnoyarsk

Acquisition date and method: before 1917

Inventory No. MKM A ОФ-3936

245. 刀

青铜，铸造。276×39 毫米

发现地点：克拉斯诺亚尔斯克边疆区，米努辛斯
克地区周边

入馆时间及方式：1917 年之前入馆

编号：MKM A ОФ-1915

245. Нож

Бронза, литье. 276×39 мм

Место, дата и автор находки: Енисейская губерния, Минусинский
уезд. Поступил до 1917 г.

Инвентарный номер: MKM A ОФ-1915

245. Knife

Bronze, cast, 276×39mm

Findspot: Minusinsk, Krasnoyarsk

Acquisition date and method: before 1917

Inventory No. MKM A ОФ-1915

246. 刀

青铜，铸造。182×35 毫米

发现地点：克拉斯诺亚尔斯克边疆区，米努辛斯
克地区，瓦斯多钦区，马拉亚－尼奇卡村

入馆时间及方式：1917 年之前入馆

编号：MKM A ОФ-3479

246. Нож

Бронза, литье. 182×35 мм

Место, дата и автор находки: Енисейская губерния, Минусинский
уезд, Восточенская волость, д. Малая Ничка. Поступил до
1917 г.

Инвентарный номер: MKM A ОФ-3479

246. Knife

Bronze, cast, 182×35mm

Findspot: Malaya-Nichka, Vostochenskaya, Minusinsk, Krasnoyarsk

Acquisition date and method: before 1917

Inventory No. MKM A ОФ-3479

247. 刀

青铜，铸造。221×27 毫米

发现地点：克拉斯诺亚尔斯克边疆区，米努辛斯
克地区，马拉－米努辛斯克区，马拉－米努辛斯
科耶村

入馆时间及方式：1917 年之前入馆

编号：MKM A ОФ-3332

247. Нож

Бронза, литье. 221×27 мм

Место, дата и автор находки: Енисейская губерния, Минусинский
уезд, Мало-Минусинская волость, с. Мало-Минусинское.
Поступил до 1917 г.

Инвентарный номер: MKM A ОФ-3332

247. Knife

Bronze, cast, 182×35mm

Findspot: Malo-Minusinskoe, Malo-Minusinskaya, Minusinsk,
Krasnoyarsk

Acquisition date and method: before 1917

Inventory No. MKM A ОФ-3332

248. 刀

青铜，铸造。212×28 毫米

发现地点：克拉斯诺亚尔斯克边疆区，米努辛斯
克地区，别伊斯卡亚州，别伊斯科耶村

入馆时间及方式：1917 年之前入馆

编号：MKM A ОФ-1250

248. Нож

Бронза, литье. 212×28 мм

Место, дата и автор находки: Енисейская губерния, Минусинский
уезд, Бейская волость, с. Бейское. Поступил до 1917 г.

Инвентарный номер: MKM A ОФ-1250

248. Knife

Bronze, cast, 212×28mm

Findspot: Beyskoe, Beyskaya, Minusinsk, Krasnoyarsk

Acquisition date and method: before 1917

Inventory No. MKM A ОФ-1250

249. 刀

青铜，铸造。135×26 毫米

发现地点：克拉斯诺亚尔斯克边疆区，米努辛斯
克地区，别伊斯卡亚州，别伊斯科耶村

入馆时间及方式：1917 年之前入馆

编号：MKM A ОФ-1225

249. Нож

Бронза, литье. 135×26 мм

Место, дата и автор находки: Енисейская губерния, Минусинский
уезд, Бейская волость, с. Бейское. Поступил до 1917 г.

Инвентарный номер: MKM A ОФ-1225

249. Knife

Bronze, cast, 135×26mm

Findspot: Beyskoe, Beyskaya, Minusinsk, Krasnoyarsk

Acquisition date and method: before 1917

Inventory No. MKM A ОФ-1225

250. 刀

青铜，铸造。188×18 毫米

发现地点：克拉斯诺亚尔斯克边疆区，米努辛斯
克地区，乔亚河（阿巴坎河左侧支流）

入馆时间及方式：1917 年之前入馆

编号：MKM A ОФ-3968

250. Нож

Бронза, литье. 188×18 мм

Место, дата и автор находки: Енисейская губерния, Минусинский
уезд, река Тея, левый приток реки Абакан. Поступил до 1917 г.

Инвентарный номер: MKM A ОФ-3968

250. Knife
Bronze, cast, 188×18mm
Findspot: Teya River, Minusinsk, Krasnoyarsk
Acquisition date and method: before 1917
Inventory No. MKM A ОФ-3968

251. 刀
青铜，铸造。197×15 毫米
发现地点：克拉斯诺亚尔斯克边疆区，米努辛斯克地区
入馆时间及方式：1929 年，从 P. I. 托瓦斯金购得
编号：MKM A ОФ-9810/15

251. Нож
Бронза, литье. 197×15 мм
Место, дата и автор находки: Енисейская губерния, Минусинский уезд. Куплен у П. И. Товостина в 1929 г.
Инвентарный номер: MKM A ОФ-9810/15

251. Knife
Bronze, cast, 197×15mm
Findspot: Minusinsk, Krasnoyarsk
Acquisition date and method: purchased from P. I. Tovastin in 1929
Inventory No. MKM A ОФ-9810/15

252. 刀
青铜，铸造。236×30 毫米
发现地点：克拉斯诺亚尔斯克边疆区，米努辛斯克地区，瓦斯多钦区，马拉亚 – 尼奇卡村
入馆时间及方式：1917 年之前入馆
编号：MKM A ОФ-3589

252. Нож
Бронза, литье. 236×30 мм
Место, дата и автор находки: Енисейская губерния, Минусинский уезд, Восточенская волость, д. Малая Ничка. Поступил до 1917 г.
Инвентарный номер: MKM A ОФ-3589

252. Knife
Bronze, cast, 236×30mm
Findspot: Malaya-Nichka, Vostochenskaya, Minusinsk, Krasnoyarsk
Acquisition date and method: before 1917
Inventory No. MKM A ОФ-3589

253. 刀
青铜，铸造。210×16 毫米
发现地点：克拉斯诺亚尔斯克边疆区，米努辛斯克地区，库拉金区，沙拉博林纳村
入馆时间及方式：1929 年，V. E. 托尔别金清理窖藏所得
编号：MKM A ОФ-9796/4

253. Нож
Бронза, литье. 210×16 мм
Место, дата и автор находки: Красноярский край, Курагинский район, с. Шалаболино. Из состава клада, найденного у с. Шалаболино в 1929 г. Поступил от В. Е. Толпегина

Инвентарный номер: MKM A ОФ-9796/4

253. Knife
Bronze, cast, 210×16mm
Findspot: Storage pit, Shalabolino, Kuraginskiy, Minusinsk, Krasnoyarsk
Acquisition date and method: excavated by V. E. Tolpegin in 1929
Inventory No. MKM A ОФ-9796/4

254. 刀
青铜，铸造。205×33 毫米
发现地点：克拉斯诺亚尔斯克边疆区，米努辛斯克地区周边
入馆时间及方式：1917 年之前入馆
编号：MKM A ОФ-2570

254. Нож
Бронза, литье. 205×33 мм
Место, дата и автор находки: Енисейская губерния, Минусинский уезд. Поступил до 1917 г.
Инвентарный номер: MKM A ОФ-2570

254. Knife
Bronze, cast, 205×33mm
Findspot: Minusinsk, Krasnoyarsk
Acquisition date and method: before 1917
Inventory No. MKM A ОФ-2570

255. 刀
青铜，铸造。171×25 毫米
发现地点：克拉斯诺亚尔斯克边疆区，米努辛斯克地区，萨迦伊区，克柳奇村
入馆时间及方式：1917 年之前入馆
编号：MKM A ОФ-3663

255. Нож
Бронза, литье. 171×25 мм
Место, дата и автор находки: Енисейская губерния, Минусинский уезд, Сагайская волость, д. Ключи. Поступил до 1917 г.
Инвентарный номер: MKM A ОФ-3663

255. Knife
Bronze, cast, 171×25mm
Findspot: Klyuchi, Sagai, Minusinsk, Krasnoyarsk
Acquisition date and method: before 1917
Inventory No. MKM A ОФ-3663

256. 刀
青铜，铸造。210×20 毫米
发现地点：不详
入馆时间及方式：1930 年，从基托瓦处购得
编号：MKM A ОФ-9827

256. Нож
Бронза, литье. 210×20 мм
Место, дата и автор находки: Место находки неизвестно. Куплен в 1930 у Титовой
Инвентарный номер: MKM A ОФ-9827

256. Knife
Bronze, cast, 210×20mm
Findspot: unknown
Acquisition date and method: purchased from Titovaya in 1930
Inventory No. МКМ А ОФ-9827

257. 刀
青铜，铸造。179×17 毫米
发现地点：克拉斯诺亚尔斯克边疆区，米努辛斯克地区，卡切勒金区，朔士诺村
入馆时间及方式：1904 年之前入馆
编号：МКМ А ОФ-3686

257. Нож
Бронза, литье. 179×17 мм
Место, дата и автор находки: Енисейская губерния, Минусинский уезд, Кочергинская волость, д. Шошино. Поступил до 1904 г.
Инвентарный номер: МКМ А ОФ-3686

257. Knife
Bronze, cast, 179×17mm
Findspot: ShoshiNo, Kocherginskaya, Minusinsk, Krasnoyarsk
Acquisition date and method: before 1904
Inventory No. МКМ А ОФ-3686

258. 刀
青铜，铸造。178×16 毫米
发现地点：克拉斯诺亚尔斯克边疆区，米努辛斯克地区，库拉金区，沙拉博林纳村
入馆时间及方式：1929 年，V. E. 托尔别金清理窖藏所得
编号：МКМ А ОФ-9796/9

258. Нож
Бронза, литье. 178×16 мм
Место, дата и автор находки: Красноярский край, Курагинский район, с. Шалаболино. Из состава клада, найденного у с. Шалаболино в 1929 г. Поступил от В. Е. Толпегина
Инвентарный номер: МКМ А ОФ-9796/9

258. Knife
Bronze, cast, 178×16mm
Findspot: Storage pit, Shalabolino, Kuraginskiy, Minusinsk, Krasnoyarsk
Acquisition date and method: excavated by V. E. Tolpegin in 1929
Inventory No. МКМ А ОФ-9796/9

259. 刀
青铜，铸造。183×16 毫米
发现地点：克拉斯诺亚尔斯克边疆区，米努辛斯克地区，库拉金区，沙拉博林纳村
入馆时间及方式：1929 年，V. E. 托尔别金清理窖藏所得
编号：МКМ А ОФ-9796/10

259. Нож
Бронза, литье. 183×16 мм

Место, дата и автор находки: Красноярский край, Курагинский район, с. Шалаболино. Из состава клада, найденного у с. Шалаболино в 1929 г. Поступил от В. Е. Толпегина
Инвентарный номер: МКМ А ОФ-9796/10

259. Knife
Bronze, cast, 183×16mm
Findspot: Storage pit, Shalabolino, Kuraginskiy, Minusinsk, Krasnoyarsk
Acquisition date and method: excavated by V. E. Tolpegin in 1929
Inventory No. МКМ А ОФ-9796/10

260. 刀
青铜，铸造。160×16 毫米
发现地点：克拉斯诺亚尔斯克边疆区，米努辛斯克地区，卡切勒给诺村，7 号库尔干
入馆时间及方式：1928 年，S. V. 吉谢列夫发掘
编号：МКМ А ОФ-9775/70

260. Нож
Бронза, литье. 160×16 мм
Место, дата и автор находки: Красноярский край, Курагинский район, с. Кочергино. Курганный могильник у с. Кочергино, курган 7. Раскопки С. В. Киселева 1928 г.
Инвентарный номер: МКМ А ОФ-9775/70

260. Knife
Bronze, cast, 160×16mm
Findspot: Kurgan No. 7,Kochergino, Minusinsk,Krasnoyarsk
Acquisition date and method: excavated by S. V. Kiselev in 1928
Inventory No. МКМ А ОФ-9775/70

261. 刀
青铜，铸造。187×15 毫米
发现地点：克拉斯诺亚尔斯克边疆区，米努辛斯克地区
入馆时间及方式：不详
编号：МКМ А ОФ-2154

261. Нож
Бронза, литье. 187×15 мм
Место, дата и автор находки: Енисейская губ. , Минусинский (с 1898 г.) уезд. Время и источник поступления не установлены
Инвентарный номер:МКМ А ОФ-2154

261. Knife
Bronze, cast, 187×15mm
Findspot: Minusinsk, Krasnoyarsk
Acquisition date and method: unknown
Inventory No. МКМ А ОФ-2154

262. 刀
青铜，铸造。186×17 毫米
发现地点：克拉斯诺亚尔斯克边疆区，米努辛斯克地区，库拉金区，沙拉博林纳村
入馆时间及方式：1929 年，V. E. 托尔别金清理窖藏所得

编号：MKM A ОФ-9796/6

262. Нож

Бронза, литье. 186×17 мм

Место, дата и автор находки: Красноярский край, Курагинский район, с. Шалаболино. Из состава клада, найденного у с. Шалаболино в 1929 г. Поступил от В. Е. Толпегина

Инвентарный номер: MKM A ОФ-9796/6

262. Knife

Bronze, cast, 186×17mm

Findspot: Storage pit, Shalabolino, Kuraginskiy, Minusinsk, Krasnoyarsk

Acquisition date and method: excavated by V. E. Tolpegin in 1929

Inventory No. MKM A ОФ-9796/6

263. 刀

青铜，铸造。194×17 毫米

发现地点：克拉斯诺亚尔斯克边疆区，米努辛斯克地区，库拉金区，沙拉博林纳村

入馆时间及方式：1929 年，V. E. 托尔别金清理窖藏所得

编号：MKM A ОФ-9796/7

263. Нож

Бронза, литье. 194×17 мм

Место, дата и автор находки: Красноярский край, Курагинский район, с. Шалаболино. Из состава клада, найденного у с. Шалаболино в 1929 г. Поступил от В. Е. Толпегина

Инвентарный номер: MKM A ОФ-9796/7

263. Knife

Bronze, cast, 194×17mm

Findspot: Storage pit, Shalabolino, Kuraginskiy, Minusinsk, Krasnoyarsk

Acquisition date and method: excavated by V. E. Tolpegin in 1929

Inventory No. MKM A ОФ-9796/7

264. 刀

青铜，铸造。201×16 毫米

发现地点：克拉斯诺亚尔斯克边疆区，米努辛斯克地区，库拉金区，沙拉博林纳村

入馆时间及方式：1929 年，V. E. 托尔别金清理窖藏所得

编号：MKM A ОФ-9796/5

264. Нож

Бронза, литье. 201×16 мм

Место, дата и автор находки: Красноярский край, Курагинский район, с. Шалаболино. Из состава клада, найденного у с. Шалаболино в 1929 г. Поступил от В. Е. Толпегина

Инвентарный номер: MKM A ОФ-9796/5

264. Knife

Bronze, cast, 201×16mm

Findspot: Storage pit, Shalabolino, Kuraginskiy, Minusinsk, Krasnoyarsk

Acquisition date and method: excavated by V. E. Tolpegin in 1929

Inventory No. MKM A ОФ-9796/5

265. 刀

青铜，铸造。149×14 毫米

发现地点：克拉斯诺亚尔斯克边疆区，米努辛斯克地区，库拉金区，沙拉博林纳村

入馆时间及方式：1929 年，V. E. 托尔别金清理窖藏所得

编号：MKM A ОФ-9796/12

265. Нож

Бронза, литье. 149×14 мм

Место, дата и автор находки: Красноярский край, Курагинский район, с. Шалаболино. Из состава клада, найденного у с. Шалаболино в 1929 г. Поступил от В. Е. Толпегина

Инвентарный номер: MKM A ОФ-9796/12

265. Knife

Bronze, cast, 149×14mm

Findspot: Storage pit, Shalabolino, Kuraginskiy, Minusinsk, Krasnoyarsk

Acquisition date and method: excavated by V. E. Tolpegin in 1929

Inventory No. MKM A ОФ-9796/12

266. 刀

青铜，铸造。184×20 毫米

发现地点：克拉斯诺亚尔斯克边疆区，米努辛斯克地区，库拉金区，沙拉博林纳村

入馆时间及方式：1929 年，V. E. 托尔别金清理窖藏所得

编号：MKM A ОФ-9796/8

266. Нож

Бронза, литье. 184×20 мм

Место, дата и автор находки: Красноярский край, Курагинский район, с. Шалаболино. Из состава клада, найденного у с. Шалаболино в 1929 г. Поступил от В. Е. Толпегина

Инвентарный номер: MKM A ОФ-9796/8

266. Knife

Bronze, cast, 184×20mm

Findspot: Storage pit, Shalabolino, Kuraginskiy, Minusinsk, Krasnoyarsk

Acquisition date and method: excavated by V. E. Tolpegin in 1929

Inventory No. MKM A ОФ-9796/8

267. 刀

青铜，铸造。170×20 毫米

发现地点：克拉斯诺亚尔斯克边疆区，米努辛斯克地区，诺沃肖洛夫区，伊格雷什村

入馆时间及方式：1901 年之前入馆

编号：MKM A ОФ-2278

267. Нож

Бронза, литье. 170×20 мм

Место, дата и автор находки: Енисейская губерния, Минусинский уезд, Новосёловская волость, д. Игрыш. Поступил в 1901 г.

Инвентарный номер: МКМ А ОФ-2278

267. Knife

Bronze, cast, 170×20mm

Findspot: Igrysh, Novosolovskaya, Minusinsk, Krasnoyarsk

Acquisition date and method: before 1901

Inventory No. МКМ А ОФ-2278

---

268. 刀

青铜，铸造。168 × 20 毫米

发现地点：克拉斯诺亚尔斯克边疆区，克拉斯诺
图兰区，瑟达村，6 号库尔干

入馆时间及方式：1929 年，S. V. 吉谢列夫发掘

编号：МКМ А ОФ-9786/110

268. Нож

Бронза, литье. 168×20 мм

Место, дата и автор находки: Красноярский край, Краснотуранский
район, с. Сыда. Курганный могильник у с. Сыда, курган 6.
Раскопки С. В. Киселева 1929 г.

Инвентарный номер: МКМ А ОФ-9786/110

268. Knife

Bronze, cast, 168×20mm

Findspot: Kurgan No. 6, Syda, Krasnoturansky, Krasnoyarsk

Acquisition date and method: excavated by S. V. Kiselev in 1929

Inventory No. МКМ А ОФ-9786/110

---

269. 刀

青铜，铸造。166 × 15 毫米

发现地点：克拉斯诺亚尔斯克边疆区，米努辛斯
克市，PCU 广场基址中发现

入馆时间及方式：1971 年，N. V. 列昂季夫发掘

编号：МКМ А ОФ-9994/10

269. Нож

Бронза, литье. 166×15 мм

Место, дата и автор находки: Красноярский край, г. Минусинск.
Строительная площадка РСУ, раскопки Н. В. Леонтьева, 1971 г.

Инвентарный номер: МКМ А ОФ-9994/10

269. Knife

Bronze, cast, 166×15mm

Findspot: PCU Square, Minusinsk, Krasnoyarsk

Acquisition date and method: excavated by N. V. Leontyev in 1971

Inventory No. МКМ А ОФ-9994/10

---

270. 刀

青铜，铸造。146 × 13 毫米

发现地点：克拉斯诺亚尔斯克边疆区，米努辛斯
克地区

入馆时间及方式：1929 年，从 P. I. 托瓦斯金购得

编号：МКМ А ОФ-9810/16

270. Нож

Бронза, литье. 146×13 мм

Место, дата и автор находки: Енисейская губерния, Минусинский
уезд. Куплен у П. И. Товостина в 1929 г.

Инвентарный номер: МКМ А ОФ-9810/16

270. Knife

Bronze, cast, 146×13mm

Findspot: Minusinsk, Krasnoyarsk

Acquisition date and method: purchased from P. I. Tovastin in 1929

Inventory No. МКМ А ОФ-9810/16

---

271. 刀

青铜，铸造。315 × 18 毫米

发现地点：克拉斯诺亚尔斯克边疆区，米努辛斯
克地区，阿巴坎区，布祖诺瓦村

入馆时间及方式：1917 年之前入馆

编号：МКМ А ОФ-3699

271. Нож

Бронза, литье. 315×18 мм

Место, дата и автор находки: Енисейская губерния, Минусинский
уезд, Абаканская волость, д. Бузунова. Поступил до 1917 г.

Инвентарный номер: МКМ А ОФ-3699

271. Knife

Bronze, cast, 315×18mm

Findspot: Buzunova, Abakan, Minusinsk, Krasnoyarsk

Acquisition date and method: before 1917

Inventory No. МКМ А ОФ-3699

---

272. 刀

青铜，铸造。197 × 26 毫米

发现地点：克拉斯诺亚尔斯克边疆区，米努辛斯
克地区周边

入馆时间及方式：1917 年之前入馆

编号：МКМ А ОФ-3410

272. Нож

Бронза, литье. 197×26 мм

Место, дата и автор находки: Енисейская губерния, Минусинский
уезд. Поступил до 1917 г.

Инвентарный номер: МКМ А ОФ-3410

272. Knife

Bronze, cast, 197×26mm

Findspot: Minusinsk, Krasnoyarsk

Acquisition date and method: before 1917

Inventory No. МКМ А ОФ-3410

---

273. 刀

青铜，铸造。120 × 29 毫米

发现地点：克拉斯诺亚尔斯克边疆区，米努辛斯
克市，N. V. 列昂季夫清理被毁库尔干时发现

入馆时间及方式：1971 年，N. V. 列昂季夫发掘

编号：МКМ А ОФ-9994/37

273. Нож

Бронза, литье. 120×29 мм

Место, дата и автор находки: Красноярский край, г. Минусинск.
Сборы Н. В. Леонтьева на разрушенных курганах, 1971 г.

Инвентарный номер: МКМ А ОФ-9994/37

273. Knife
Bronze, cast, 120×29mm
Findspot: A damaged kurgan, Minusinsk, Krasnoyarsk
Acquisition date and method: excavated by N. V. Leontyev in 1971
Inventory No. MKM A ОФ-9994/37

274. 明刀
青铜，铸造。80×9 毫米
发现地点：克拉斯诺亚尔斯克边疆区，米努辛斯
克地区，沙雷波夫区。别寥若夫河口墓地，21 号
库尔干
入馆时间及方式：1979 年，E.B.瓦杰茨卡雅发掘
编号：MKM A ОФ-10774

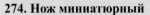

274. Нож миниатюрный
Бронза, литье. 80×9 мм
Место, дата и автор находки: Красноярский край, Шарыповский
район. Могильник Устье ручья Березового, курган 21. Поступил
в 1979 г. Раскопки Э. Б. Вадецкой
Инвентарный номер: MKM A ОФ-10774

274. Knife (Funerary object)
Bronze, cast, 80×9mm
Findspot: Kurgan No. 21, Cemetery at the estuary of the Borvozoyka,
Sharypovskiy, Minusinsk, Krasnoyarsk
Acquisition date and method: excavated by E. B. Vadetskaya in 1979
Inventory No. MKM A ОФ-10774

275. 明刀
青铜，铸造。87×9 毫米
发现地点：克拉斯诺亚尔斯克边疆区，米努辛斯
克地区，沙雷波夫区。别寥若夫河口墓地，21 号
库尔干
入馆时间及方式：1979 年，E.B.瓦杰茨卡雅发掘
编号：MKM A ОФ-10773

275. Нож миниатюрный
Бронза, литье. 87×9 мм
Место, дата и автор находки: Красноярский край, Шарыповский
район. Могильник Устье ручья Березового, курган 21. Поступил
в 1979 г. Раскопки Э. Б. Вадецкой
Инвентарный номер: MKM A ОФ-10773

275. Knife (Funerary object)
Bronze, cast, 87×9mm
Findspot: Kurgan No. 21, Cemetery at the estuary of the Borvozoyka,
Sharypovskiy, Minusinsk, Krasnoyarsk
Acquisition date and method: excavated by E. B. Vadetskaya in 1979
Inventory No. MKM A ОФ-10773

276. 明刀
青铜，铸造。88×10 毫米
发现地点：克拉斯诺亚尔斯克边疆区，米努辛斯
克地区，沙雷波夫区。别寥若夫河口墓地，21 号
库尔干
入馆时间及方式：1979 年，E.B.瓦杰茨卡雅发掘

编号：MKM A ОФ-10768

276. Нож миниатюрный
Бронза, литье. 88×10 мм
Место, дата и автор находки: Красноярский край, Шарыповский
район. Могильник Устье ручья Березового, курган 21. Поступил
в 1979 г. Раскопки Э. Б. Вадецкой
Инвентарный номер: MKM A ОФ-10768

276. Knife (Funerary object)
Bronze, cast, 88×10mm
Findspot: Kurgan No. 21, Cemetery at the estuary of the Borvozoyka,
Sharypovskiy, Minusinsk, Krasnoyarsk
Acquisition date and method: excavated by E. B. Vadetskaya in 1979
Inventory No. MKM A ОФ-10768

277. 斧
青铜，铸造。142×87 毫米，重 914 克
发现地点：克拉斯诺亚尔斯克边疆区，米努辛斯
克地区，卢加夫区，克里瓦亚村
入馆时间及方式：不详
编号：MKM A ОФ-4

277. Кельт
Бронза, литье. 142× 87мм. вес 914 г.
Место, дата и автор находки: Енисейская губерния, Минусинский
уезд, Лугавская волость, д. Кривая. Время и источник поступления
не установлены
Инвентарный номер: MKM A ОФ-4

277. Socketed axe
Bronze, cast, 142×87mm, weight 914g
Findspot: Krivaya, Lugava, Minusinsk, Krasnoyarsk
Acquisition date and method: unknown
Inventory No. MKM A ОФ-4

278. 斧
青铜，铸造。长 78 毫米
发现地点：克拉斯诺亚尔斯克边疆区，米努辛斯
克地区
入馆时间及方式：1928 年之前入馆
编号：MKM A ОФ-9562/5

278. Кельт
Бронза, литье. Длина 78 мм
Место, дата и автор находки: Енисейская губерния, Минусинский
уезд. Поступил до 1928 г.
Инвентарный номер: MKM A ОФ-9562/5

278. Socketed axe
Bronze, cast, length 78mm
Findspot: Minusinsk, Krasnoyarsk
Acquisition date and method: before 1928
Inventory No. MKM A ОФ-9562/5

279. 斧
青铜，铸造。77×46 毫米，重 129 克
发现地点：克拉斯诺亚尔斯克边疆区，米努辛斯克地区

入馆时间及方式：1917 年之前入馆

编号：МКМ А ОФ-157

279. Кельт

Бронза, литье. 77×46 мм. вес 129 г.

Место, дата и автор находки: Енисейская

губерния, Минусинский уезд. Поступил до

1917 г.

Инвентарный номер: МКМ А ОФ-157

279. Socketed axe

Bronze, cast, 77×46mm, weight 129g

Findspot: Minusinsk, Krasnoyarsk

Acquisition date and method: before 1917

Inventory No. МКМ А ОФ-157

280. 斧

青铜，铸造。98×82 毫米，重 395 克

发现地点：克拉斯诺亚尔斯克边疆区，米努辛斯

克地区，伊德林区，伊德拉村

入馆时间及方式：1917 年之前入馆

编号：МКМ А ОФ-148

280. Кельт

Бронза, литье. 98×82 мм. вес 395 г.

Место, дата и автор находки: Енисейская губерния, Минусинский

уезд, Идринская волость, с. Идра. Поступил до 1917 г.

Инвентарный номер: МКМ А ОФ-148

280. Socketed axe

Bronze, cast, 98×82mm, weight 395g

Findspot: Idra, Idrinskaya, Minusinsk, Krasnoyarsk

Acquisition date and method: before 1917

Inventory No. МКМ А ОФ-148

281. 斧范

青铜，铸造。175×110 毫米

发现地点：克拉斯诺亚尔斯克边疆区，米努辛斯

克地区，克拉斯诺图兰区，克拉斯诺图兰斯克村

入馆时间及方式：不详

编号：МКМ А ОФ-9651

281. Форма для отливки кельтов

Бронза, литье. 175×110 мм

Место, дата и автор находки: Красноярский край, Краснотуранский

р-он, с. Краснотуранск. Время и источник поступления не

установлены

Инвентарный номер: МКМ А ОФ-9651

281. Socketed axe mould

Bronze, cast, 175×110mm

Findspot: Krasnoturansk, Krasnoturanskiy, Minusinsk, Krasnoyarsk

Acquisition date and method: unknown

Inventory No. МКМ А ОФ-9651

282. 锛

青铜，铸造。63×60 毫米

发现地点：克拉斯诺亚尔斯克边疆区，米努辛斯克地区，库拉金区，沙

拉博林纳村

入馆时间及方式：1929 年，V. E. 托尔别金清理

窖藏所得

编号：МКМ А ОФ-9796/2

282. Тесло

Бронза, литье. 63×60 мм

Место, дата и автор находки: Красноярский

край, Курагинский район, с. Шалаболино. Из состава клада,

найденного у с. Шалаболино в 1929 г. Поступил от В. Е.

Толпегина

Инвентарный номер: МКМ А ОФ-9796/2

282. Adze

Bronze, cast, 63×60mm

Findspot: Storage pit, Shalabolino, Kuraginskiy, Minusinsk,

Krasnoyarsk

Acquisition date and method: excavated by V. E. Tolpegin in 1929

Inventory No. МКМ А ОФ-9796/2

283. 锛

青铜，铸造。94×55 毫米，重 147 克

发现地点：克拉斯诺亚尔斯克边疆区，米努辛斯

克地区

入馆时间及方式：1917 年之前入馆

编号：МКМ А ОФ-418

283. Тесло

Бронза, литье. 94×55 мм. вес 147 г.

Место, дата и автор находки: Енисейская губерния, Минусинский

уезд. Поступил до 1917 г.

Инвентарный номер: МКМ А ОФ-418

283. Adze

Bronze, cast, 94×55mm, weight 147g

Findspot: Minusinsk, Krasnoyarsk

Acquisition date and method: before 1917

Inventory No. МКМ А ОФ-418

284. 凿

青铜，铸造。长 118 毫米，管銎直径 29 毫米，

重 179 克

发现地点：克拉斯诺亚尔斯克边疆区，米努辛斯

克地区

入馆时间及方式：不详

编号：МКМ А ОФ-544

284. Долото

Бронза, литье. Длина 118 мм. диаметр втулки 29 мм. вес 179 г.

Место, дата и автор находки: Енисейская губерния, Минусинский

уезд. Время и источник поступления не установлены

Инвентарный номер: МКМ А ОФ-544

284. Socketed chisel

Bronze, cast,length 118mm,socket diameter 29mm,weight 179g

Findspot: Minusinsk, Krasnoyarsk

Acquisition date and method: Unknown

Inventory No. МКМ А ОФ-544

285. 镦

青铜，铸造。61×53毫米，重89克

发现地点：克拉斯诺亚尔斯克边疆区，米努辛斯克地区，兹纳缅区，巴基黑纳村

入馆时间及方式：不详

编号：МКМ А ОФ-673

285. Вток

Бронза, литье. Размер: 61×53 мм. вес 89 г.

Место, дата и автор находки: Енисейская губерния, Минусинский уезд, Знаменская волость, д. Потехина. Время и источник поступления не установлены

Инвентарный номер: МКМ А ОФ-673

285. Cap for the butt of a spear shaft

Bronze, cast, 61×53mm, weight 89g

Findspot: Potekhina, Znamenskaya, Minusinsk, Krasnoyarsk

Acquisition date and method: Unknown

Inventory No. МКМ А ОФ-673

286. 镰

青铜，铸造。225×36毫米

发现地点：克拉斯诺亚尔斯克边疆区，米努辛斯克地区，兹纳缅区，巴坚尼村

入馆时间及方式：1917年之前入馆

编号：МКМ А ОФ-1669

286. Серп

Бронза, литье. 225×36 мм

Место, дата и автор находки: Енисейская губерния, Минусинский уезд, Знаменская волость, с. Батени. Поступил до 1917 г.

Инвентарный номер: МКМ А ОФ-1669

286. Sickle

Bronze, cast, 225×36mm

Findspot: Bateni, Znamenskaya, Minusinsk, Krasnoyarsk

Acquisition date and method: before 1917

Inventory No. МКМ А ОФ-1669

287. 锯

青铜，铸造。207×20毫米

发现地点：克拉斯诺亚尔斯克边疆区，米努辛斯克地区，巴纳切夫区，巴拉金纳村

入馆时间及方式：1917年之前入馆

编号：МКМ А ОФ-700

287. Пила

Бронза, литье. 207× 20 мм

Место, дата и автор находки: Енисейская губерния, Минусинский уезд, Паначевская волость, д. Брагина. Поступил до 1917 г.

Инвентарный номер: МКМ А ОФ-700

287. Saw

Bronze, cast, 207×20mm

Findspot: Bragina, Panachevskaya, Minusinsk, Krasnoyarsk

Acquisition date and method: before 1917

Inventory No. МКМ А ОФ-700

288. 钻

青铜，铸造。117×6毫米

发现地点：克拉斯诺亚尔斯克边疆区，米努辛斯克市

入馆时间及方式：1963–1973年，P. I. 科罗别尼科夫在市南郊的采石场发现

编号：МКМ А ОФ-10006/70

288. Сверло

Бронза, литье. 117×6 мм

Место, дата и автор находки: Красноярский край, г. Минусинск. Сборы П. И. Коробейникова на южной окраине города в отвалах карьера в 1963-1973 гг.

Инвентарный номер: МКМ А ОФ-10006/70

288. Drill

Bronze, cast, 117×6mm

Findspot: Minusinsk, Krasnoyarsk

Acquisition date and method: found by P. I. Korobeinikov in 1963-1973

Inventory No. МКМ А ОФ-10006/70

289. 锥

青铜，铸造。长97毫米

发现地点：克拉斯诺亚尔斯克边疆区，米努辛斯克地区，库拉金区，卡切勒给诺村，7号库尔干

入馆时间及方式：1928年，S. V. 吉谢列夫发掘

编号：МКМ А ОФ-9775/71

289. Шило

Бронза, литье. Длина 97 мм

Место, дата и автор находки: Красноярский край, Курагинский район, с. Кочергино. Курганный могильник у с. Кочергино, курган 7. Раскопки С. В. Киселева 1928 г.

Инвентарный номер: МКМ А ОФ-9775/71

289. Awl

Bronze, cast, length 97mm

Findspot: Kurgan No. 7, Kochergino, Kuraginskiy, Minusinsk, Krasnoyarsk

Acquisition date and method: excavated by S. V. Kiselev in 1928

Inventory No. МКМ А ОФ-9775/71

290. 锥

青铜，铸造。长121毫米

发现地点：克拉斯诺亚尔斯克边疆区，米努辛斯克地区，捷辛区，捷辛斯科耶村

入馆时间及方式：1917年之前入馆

编号：МКМ А ОФ-7656

290. Шило

Бронза, литье. Длина 121 мм

Место, дата и автор находки: Енисейская губерния, Минусинский уезд, Тесинская волость, с. Тесинское. Поступил до 1917 г.

Инвентарный номер: МКМ А ОФ-7656

290. Awl

Bronze, cast, length 121mm

Findspot: Tesinskoe, Tesinskaya, Minusinsk, Krasnoyarsk

Acquisition date and method: before 1917

Inventory No. MKM A ОФ-7656

291. 锥

青铜，铸造。长 165 毫米

发现地点：克拉斯诺亚尔斯克边疆区，米努辛斯克地区，科切尔金区，马拉亚－因尼亚村

入馆时间及方式：1904 年之前入馆

编号：MKM A ОФ-7589

291. Шило

Бронза, литье. Длина 165 мм

Место, дата и автор находки: Енисейская губерния, Минусинский уезд, Кочергинская волость, д. Малая Иня. Поступил до 1904 г.

Инвентарный номер: MKM A ОФ-7589

291. Awl

Bronze, cast, length 165mm

Findspot: Malaya-Inya, Kocherginskaya, Minusinsk, Krasnoyarsk

Acquisition date and method: before 1904

Inventory No. MKM A ОФ-7589

292. 锥

青铜，铸造。长 126 毫米

发现地点：克拉斯诺亚尔斯克边疆区，米努辛斯克地区，兹纳缅区，苏哈亚－捷西村（鞑靼勒斯卡亚，巴格拉德）

入馆时间及方式：1904 年之前入馆

编号：MKM A ОФ-8034

292. Шило

Бронза, литье. Длина 126 мм

Место, дата и автор находки: Енисейская губерния, Минусинский уезд, Знаменская волость, д. Сухая Тесь (Татарская Тесь, Боград). Поступил до 1904 г.

Инвентарный номер: MKM A ОФ-8034

292. Awl

Bronze, cast, length 126mm

Findspot: Tatarskaya, Bograd (formerly Sukhaya-Tes), Znamenskaya, Minusinsk, Krasnoyarsk

Acquisition date and method: before 1904

Inventory No. MKM A ОФ-8034

293. 锥

青铜，铸造。长 115 毫米

发现地点：克拉斯诺亚尔斯克边疆区，米努辛斯克地区，沙拉博林区，卡夫卡兹斯科耶村（霍和雷）

入馆时间及方式：1904 年之前入馆

编号：MKM A ОФ-8052

293. Шило

Бронза, литье. Длина 115 мм

Место, дата и автор находки: Енисейская губерния, Минусинский уезд, Шалаболинская волость, с. Кавказское (Хохлы). Поступил до 1904 г.

Инвентарный номер: MKM A ОФ-8052

293. Awl

Bronze, cast, length 115mm

Findspot: Khokhly (foemerly Kavkazskoye), Shalabolinskaya, Minusinsk, Krasnoyarsk

Acquisition date and method: before 1904

Inventory No. MKM A ОФ-8052

294. 锥

青铜，铸造。长 106 毫米

发现地点：克拉斯诺亚尔斯克边疆区，米努辛斯克地区，科切尔金区，郭勒马科沃村

入馆时间及方式：1904 年之前入馆

编号：MKM A ОФ-8036

294. Шило

Бронза, литье. Длина 106 мм

Место, дата и автор находки: Енисейская губерния, Минусинский уезд, Кочергинская волость, с. Колмаково. Поступил до 1904 г.

Инвентарный номер: MKM A ОФ-8036

294. Awl

Bronze, cast, length 106mm

Findspot: Kolmakovo, Kocherginskaya, Minusinsk, Krasnoyarsk

Acquisition date and method: before 1904

Inventory No. MKM A ОФ-8036

295. 带挂钩

青铜，铸造。78 × 34 毫米

发现地点：克拉斯诺亚尔斯克边疆区，米努辛斯克地区，马拉－米努辛斯克区，马拉－米努辛斯科耶村

入馆时间及方式：1904 年之前入馆

编号：MKM A ОФ-9295

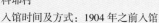

295. Крючок поясной

Бронза, литье. 78×34 мм

Место, дата и автор находки: Енисейская губерния, Минусинский уезд, Мало-Минусинская волость, с. Мало-Минусинское (п. у. Самодуровка). Поступил до 1904 г.

Инвентарный номер: MKM A ОФ-9295

295. Hook-shaped object

Bronze, cast, 78×34 mm

Findspot: Malo-Minusinskoe, Malo-Minusinskaya, Minusinsk, Krasnoyarsk

Acquisition date and method: before 1904

Inventory No. MKM A ОФ-9295

296. 弓梢部件

青铜，铸造。85 × 51 毫米

发现地点：克拉斯诺亚尔斯克边疆区，米努辛斯克地区，兹纳缅区，博利沙亚－叶勒巴村（巴基黑纳）

入馆时间及方式：1904 年之前入馆

编号：MKM A ОФ-9355

296. Концовка кибити лука

Бронза, литье. 85×51 мм

Место, дата и автор находки: Енисейская губерния, Минусинский уезд, Знаменская волость, д. Большая Ерба (Потехина). Поступил до 1904 г.

Инвентарный номер: МКМ А ОФ-9355

296. Bow tip

Bronze, cast, 85×51mm

Findspot: Potekhina (formerly Bolshaya-Erba), Znamenskaya, Minusinsk, Krasnoyarsk

Acquisition date and method: before 1904

Inventory No. МКМ А ОФ-9355

297. 构件

青铜，铸造。150×39 毫米

发现地点：克拉斯诺亚尔斯克边疆区，米努辛斯克地区，巴纳切夫区，布拉金纳村（特廖和达）

入馆时间及方式：1904 年之前入馆

编号：МКМ А ОФ-9365

297. Пластина

Бронза, литье. 150×39 мм

Место, дата и автор находки: Енисейская губерния, Минусинский уезд, Паначевская волость, д. Брагина (Терехта). Поступил до 1904 г.

Инвентарный номер: МКМ А ОФ-9365

297. Bronze component

Bronze, cast, 150×39mm

Findspot: Terekhta (formerly Bragina), Panachevskaya, Minusinsk, Krasnoyarsk

Acquisition date and method: before 1904

Inventory No. МКМ А ОФ-9365

298. 马衔

青铜，铸造。172 毫米

发现地点：克拉斯诺亚尔斯克边疆区，米努辛斯克地区，别罗亚勒斯卡亚州，别罗亚勒斯科耶村

入馆时间及方式：1904 年之前入馆

编号：МКМ А ОФ-4700

298. Удила

Бронза, литье. 172 мм

Место, дата и автор находки: Енисейская губерния, Минусинский уезд, Белоярская волость, с. Белоярское. Поступил до 1904 г.

Инвентарный номер: МКМ А ОФ-4700

298. Horse bit

Bronze, cast, 172 mm

Findspot: Beloyarskoye, Beloyarskaya, Minusinsk, Krasnoyarsk

Acquisition date and method: before 1904

Inventory No. МКМ А ОФ-4700

299. 马衔

青铜，铸造。208 毫米

发现地点：克拉斯诺亚尔斯克边疆区，米努辛斯克地区，别尔雷克区，贝斯卡勒村

入馆时间及方式：1904 年之前入馆

编号：МКМ А ОФ-4831

299. Удила

Бронза, литье. 208 мм

Место, дата и автор находки: Енисейская губерния, Минусинский уезд, Беллыкская волость, д. Быскар. Поступил до 1904 г.

Инвентарный номер: МКМ А ОФ-4831

299. Horse bit

Bronze, cast, 208 mm

Findspot: Byskar, Bellykskaya, Minusinsk, Krasnoyarsk

Acquisition date and method: before 1904

Inventory No. МКМ А ОФ-4831

300. 马衔

青铜，铸造。215 毫米

发现地点：克拉斯诺亚尔斯克边疆区，米努辛斯克地区，别尔雷克区，巴伊卡洛瓦村

入馆时间及方式：1904 年之前入馆

编号：МКМ А ОФ-4697

300. Удила

Бронза, литье. 215 мм

Место, дата и автор находки: Енисейская губерния, Минусинский уезд, Беллыкская волость, д. Байкалова. Поступил до 1904 г.

Инвентарный номер: МКМ А ОФ-4697

300. Horse bit

Bronze, cast, 215 mm

Findspot: Baykalova, Bellykskaya, Minusinsk, Krasnoyarsk

Acquisition date and method: before 1904

Inventory No. МКМ А ОФ-4697

301. 马衔

青铜，铸造。202 毫米

发现地点：克拉斯诺亚尔斯克边疆区，米努辛斯克地区，马拉－米努辛斯克区，诺沃－特洛伊茨卡亚村（别德拉）

入馆时间及方式：1928 年之前入馆

编号：МКМ А ОФ-9381

301. Удила

Бронза, литье. 202 мм

Место, дата и автор находки: Енисейская губерния, Минусинский уезд, Мало-Минусинская волость, д. Ново-Троицкая (Бедра). Поступил до 1928 г.

Инвентарный номер: МКМ А ОФ-9381

301. Horse bit

Bronze, cast, 202 mm

Findspot: Bedra (formerly Novo-Troitskaya), Malo-Minusinskaya, Minusinsk, Krasnoyarsk

Acquisition date and method: before 1928

Inventory No. МКМ А ОФ-9381

302. 马衔

青铜，铸造。210 毫米

发现地点：克拉斯诺亚尔斯克边疆区，米努辛斯
克地区，库拉金区，巴伊罗瓦村

入馆时间及方式：1917 年之前入馆

编号：MKM A ОФ-4833

302. Удила

Бронза, литье. 210 мм

Место, дата и автор находки: Енисейская губерния, Минусинский
(с 1886 г.) округ, Курагинская волость, д. Пойлова. Поступил до
1917 г.

Инвентарный номер: MKM A ОФ-4833

302. Horse bit

Bronze, cast, 210 mm

Findspot: Poylova, Kuraginskaya, Minusinsk, Krasnoyarsk

Acquisition date and method: before 1917

Inventory No. MKM A ОФ-4833

303. 马镳

青铜，铸造。162 × 13 毫米

发现地点：克拉斯诺亚尔斯克边疆区，米努辛斯
克地区，库拉金区，巴伊罗瓦村

入馆时间及方式：1904 年之前入馆

编号：MKM A ОФ-4888

303. Псалия

Бронза, литье. 162×13 мм

Место, дата и автор находки: Енисейская губерния, Минусинский
уезд, Курагинская волость, д. Пойлова (Артемьева). д. Поступил
до 1904 г.

Инвентарный номер: MKM A ОФ-4888

303. Horse cheekpiece

Bronze, cast, 162×13mm

Findspot: Poylova, Kuraginskaya, Minusinsk, Krasnoyarsk

Acquisition date and method: before 1904

Inventory No. MKM A ОФ-4888

304. 马镳

青铜，铸造。81 × 73 毫米

发现地点：克拉斯诺亚尔斯克边疆区，米努辛斯
克地区周边

入馆时间及方式：1917 年之前入馆

编号：MKM A ОФ-4929

304. Трензель

Бронза, литье. 81×73 мм

Место, дата и автор находки: Енисейская губерния, Минусинский
уезд. Поступил до 1917 г.

Инвентарный номер: MKM A ОФ-4929

304. Horse cheekpiece

Bronze, cast, 81×73mm.

Findspot: Minusinsk, Krasnoyarsk

Acquisition date and method: before 1917

Inventory No. MKM A ОФ-4929

305. 马镳

青铜，铸造。134 × 41 毫米

发现地点：克拉斯诺亚尔斯克边疆区，米努辛斯
克地区，伊德林区，博利绍伊 – 萨贝克村

入馆时间及方式：1904 年之前入馆

编号：MKM A ОФ-4901

305. Псалия

Бронза, литье. 134×41 мм

Место, дата и автор находки: Енисейская губерния, Минусинский
уезд, Идринская волость, с. Большой Хабык. Поступил до 1904 г.

Инвентарный номер: MKM A ОФ-4901

305. Horse cheekpiece

Bronze, cast, 134×41mm

Findspot: Bolshoy-Khabyk, Idrinskaya, Minusinsk, Krasnoyarsk

Acquisition date and method: before 1904

Inventory No. MKM A ОФ-4901

306. 马镳

青铜，铸造。145 × 24 毫米

发现地点：克拉斯诺亚尔斯克边疆区，米努辛斯
克地区，别尔雷克区，贝斯卡勒村

入馆时间及方式：1904 年之前入馆

编号：MKM A ОФ-4907

306. Псалия

Бронза, литье. 145×24 мм

Место, дата и автор находки: Енисейская губерния, Минусинский
уезд, Беллыкская волость, д. Быскар. Поступил до 1904 г.

Инвентарный номер: MKM A ОФ-4907

306. Horse cheekpiece

Bronze, cast, 145×24mm.

Findspot: Byskar, Bellykskaya, Minusinsk, Krasnoyarsk

Acquisition date and method: before 1904

Inventory No. MKM A ОФ-4907

307. 马镳

青铜，铸造。186 × 15 毫米

发现地点：克拉斯诺亚尔斯克边疆区，米努辛斯
克地区周边

入馆时间及方式：1904 年之前入馆

编号：MKM A ОФ-4884

307. Псалия

Бронза, литье. 186×15 мм

Место, дата и автор находки: Енисейская губерния, Минусинский
уезд. Поступил до 1904 г.

Инвентарный номер: MKM A ОФ-4884

307. Horse cheekpiece

Bronze, cast, 186×15mm

Findspot: Minusinsk, Krasnoyarsk

Acquisition date and method: before 1904

Inventory No. MKM A ОФ-4884

308. 带扣

青铜，铸造。47×44 毫米

发现地点：克拉斯诺亚尔斯克边疆区，米努辛斯克地区，乌特村

入馆时间及方式：1904 年之前入馆

编号：MKM A ОФ-8329

308. Пряжка

Бронза, литье. 47×44 мм

Место, дата и автор находки: Енисейская губерния, Минусинский уезд, д. Уты. Поступил до 1904 г.

Инвентарный номер: MKM A ОФ-8329

308. Belt buckle

Bronze, cast, 47×44mm

Findspot: Uti, Minusinsk, Krasnoyarsk

Acquisition date and method: before 1904

Inventory No. MKM A ОФ-8329

309. 带扣

青铜，铸造。43×46 毫米

发现地点：克拉斯诺亚尔斯克边疆区，米努辛斯克地区，捷辛区，博利沙亚－因尼亚村

入馆时间及方式：1904 年之前入馆

编号：MKM A ОФ-8323

309. Пряжка

Бронза, литье. 43×46 мм

Место, дата и автор находки: Енисейская губерния, Минусинский уезд, Мало-Минусинская волость, д. Большая Иня. Поступил до 1904 г.

Инвентарный номер: MKM A ОФ-8323

309. Belt buckle

Bronze, cast, 43×46mm

Findspot: Bolshaya-Inya, Tesinskaya, Minusinsk, Krasnoyarsk

Acquisition date and method: before 1904

Inventory No. MKM A ОФ-8323

310. 带扣

青铜，铸造。68×39 毫米

发现地点：克拉斯诺亚尔斯克边疆区，米努辛斯克地区，诺沃肖洛夫区，特里佛诺瓦村

入馆时间及方式：1928 年之前入馆

编号：MKM A ОФ-8353

310. Пряжка

Бронза, литье. 68×39 мм

Место, дата и автор находки: Енисейская губерния, Минусинский уезд, Новосёловская волость, д. Трифонова. Поступил до 1928 г.

Инвентарный номер: MKM A ОФ-8353

310. Belt buckle

Bronze, cast, 68×39mm

Findspot: Trifonova, Novoselovskaya, Minusinsk, Krasnoyarsk

Acquisition date and method: before 1904

Inventory No. MKM A ОФ-8353

311. 节约

青铜，铸造。直径 58 毫米

发现地点：克拉斯诺亚尔斯克边疆区，米努辛斯克地区，伊济赫山

入馆时间及方式：1928 年之前入馆

编号：MKM A ОФ-8827

311. Бляшка

Бронза, литье. Диаметр 58 мм

Место, дата и автор находки: Енисейская губерния, Минусинский уезд, гора Изых. Поступил до 1928 г.

Инвентарный номер: MKM A ОФ-8827

311. Strap guides for a horse bridle

Bronze, cast, diameter 58mm

Findspot: Izykh Mountain, Novoselovskaya, Minusinsk, Krasnoyarsk

Acquisition date and method: before 1928

Inventory No. MKM A ОФ-8827

312. 烙

青铜，铸造。直径 74 毫米

发现地点：克拉斯诺亚尔斯克边疆区，米努辛斯克地区，科姆斯卡亚州，安纳什村

入馆时间及方式：1904 年之前入馆

编号：MKM A ОФ-9363

312. Тавро

Бронза, литье. Диаметр 74 мм

Место, дата и автор находки: Енисейская губерния, Минусинский уезд, Комская волость, с. Анаш. Поступил до 1904 г.

Инвентарный номер: MKM A ОФ-9363

312. Brand

Bronze, cast, diameter 74mm

Findspot: Anash, Komskaya, Minusinsk, Krasnoyarsk

Acquisition date and method: before 1904

Inventory No. MKM A ОФ-9363

313. 烙

青铜，铸造。110×77 毫米

发现地点：克拉斯诺亚尔斯克边疆区，米努辛斯克地区，科切尔金区，科切尔金村

入馆时间及方式：1904 年之前入馆

编号：MKM A ОФ-9362

313. Тавро

Бронза, литье. 110×77 мм

Место, дата и автор находки: Енисейская губерния, Минусинский уезд, Кочергинская волость, с. Кочергинское. Поступил до 1904 г.

Инвентарный номер: MKM A ОФ-9362

313. Brand

Bronze, cast, 110×77mm

Findspot: Kocherginskoe, Kocherginskaya, Minusinsk, Krasnoyarsk

Acquisition date and method: before 1904

Inventory No. MKM A ОФ-9362

314. 节约

青铜，铸造。40 × 30 毫米

发现地点：克拉斯诺亚尔斯克边疆区，米努辛斯
克地区周边

入馆时间及方式：1904 年之前入馆

编号：MKM A ОФ-8813

314. Бляшка сбруйная

Бронза, литье. 40×30 мм

Место, дата и автор находки: Енисейская губерния, Минусинский уезд. Поступил до 1904 г.

Инвентарный номер: МКМ А ОФ-8813

314. Strap guides for a horse bridle

Bronze, cast, 40×30mm

Findspot: Minusinsk, Krasnoyarsk

Acquisition date and method: before 1904

Inventory No. МКМ А ОФ-8813

315. 杆头饰

青铜，铸造。长 227 毫米，直径 34 毫米，重 507 克

发现地点：克拉斯诺亚尔斯克边疆区，米努辛斯
克地区周边

入馆时间及方式：1908 年之前入馆

编号：MKM A ОФ-703

315. Навершие

Бронза, литье. Длина 227 мм. диаметр 34 мм. вес 507 г.

Место, дата и автор находки: Енисейская губерния, Минусинский уезд. Поступил до 1908 г.

Инвентарный номер: МКМ А ОФ-703

315. Staff finial

Bronze, cast, length 227mm, diameter 34mm, weight 507g

Findspot: Minusinsk, Krasnoyarsk

Acquisition date and method: before 1908

Inventory No. МКМ А ОФ-703

316. 杆头饰

青铜，铸造。94 × 55 毫米

发现地点：克拉斯诺亚尔斯克边疆区，米努辛斯
克地区周边

入馆时间及方式：1917 年之前入馆

编号：MKM A ОФ-7197

316. Булава

Бронза, литье. 94×55 мм

Место, дата и автор находки: Енисейская губерния, Минусинский уезд. Поступил до 1917 г.

Инвентарный номер: МКМ А ОФ-7197

316. Staff finial

Bronze, cast, 94×55mm

Findspot: Minusinsk, Krasnoyarsk

Acquisition date and method: before 1917

Inventory No. МКМ А ОФ-7197

317. 不知名器

青铜，铸造。115 × 105 × 42 毫米，重 420 克

发现地点：克拉斯诺亚尔斯克边疆区，米努辛斯
克地区，别尔雷克区，伊万诺夫卡村

入馆时间及方式：1910 年之前入馆

编号：MKM A ОФ-698

317. Предмет неизвестного назначения

Бронза, литье. 115×105×42 мм. вес 420 г.

Место, дата и автор находки: Енисейская губерния, Минусинский уезд, Беллыкская волость, д. Ивановка. Поступил до 1910 г.

Инвентарный номер: МКМ А ОФ-698

317. Unidentified object

Bronze, cast, 115×105×42mm, weight 420g

Findspot: Ivanovka, Bellikskaya, Minusinsk, Krasnoyarsk

Acquisition date and method: before 1910

Inventory No. МКМ А ОФ-698

318. 弓形器

青铜，铸造。174 × 23 毫米

发现地点：克拉斯诺亚尔斯克边疆区，米努辛斯克
地区，叶尔马科夫区，韦勒赫尼 – 苏埃图克村

入馆时间及方式：1904 年之前入馆

编号：MKM A ОФ-7197

318. Предмет неизвестного назначения двудужный

Бронза, литье. 174×23 мм

Место, дата и автор находки: Енисейская губерния, Минусинский уезд, Ермаковская волость, д. Верхний Суэтук. Поступил в 1904 г.

Инвентарный номер: МКМ А ОФ-7197

318. Bow-shaped object

Bronze, cast, 174×23mm

Findspot: Verkhniy-Suetuk, Yermakovskaya, Minusinsk, Krasnoyarsk

Acquisition date and method: before 1904

Inventory No. МКМ А ОФ-7197

319. 弓形器

青铜，铸造。185 × 8 毫米

发现地点：克拉斯诺亚尔斯克边疆区，米努辛斯
克地区，沙雷波夫区。别寥若夫河口墓地，21 号
库尔干

入馆时间及方式：1979 年，E. B. 瓦杰茨卡雅发掘

编号：MKM A ОФ-10843

319. Подвеска двудужная

Бронза, литье. 185×8 мм

Место, дата и автор находки: Красноярский край, Шарыповский район Могильник Устье ручья Березового, курган 21. Поступил в 1979 г. раскопки Э. Б. Вадецкой

Инвентарный номер: МКМ А ОФ-10843

319. Bow-shaped object

Bronze, cast, 185×8mm

Findspot: Kurgan No. 21, Cemetery at the estuary of the Borvozoyka, Sharypovskiy, Minusinsk, Krasnoyarsk
Acquisition date and method: excavated by E. B. Vadetskaya in 1979
Inventory No. MKM A ОФ-10843

320. 饰牌
青铜，铸造。20×15 毫米
发现地点：克拉斯诺亚尔斯克边疆区，米努辛斯克地区周边
入馆时间及方式：1904 年之前入馆
编号：MKM A ОФ-9262

320. Бляшка
Бронза, литье. 20×15 мм
Место, дата и автор находки: Енисейская губерния, Минусинский уезд. Поступил до 1904 г.
Инвентарный номер: MKM A ОФ-9262

320. Plaque
Bronze, cast, 20×15mm
Findspot: Minusinsk, Krasnoyarsk
Acquisition date and method: before 1904
Inventory No. MKM A ОФ-9262

321. 饰牌
青铜，铸造。34×47 毫米
发现地点：克拉斯诺亚尔斯克边疆区，米努辛斯克地区周边
入馆时间及方式：1928 年之前入馆
编号：MKM A ОФ-9162

321. Бляшка
Бронза, литье. 34×47 мм
Место, дата и автор находки: Енисейская губерния, Минусинский уезд. Поступил до 1928 г.
Инвентарный номер: MKM A ОФ-9162

321. Plaque
Bronze, cast, 34×47mm
Findspot: Minusinsk, Krasnoyarsk
Acquisition date and method: before 1928
Inventory No. MKM A ОФ-9162

322. 饰牌
青铜，铸造。40×38 毫米
发现地点：克拉斯诺亚尔斯克边疆区，米努辛斯克地区，卡普特列夫区，苏波基诺村
入馆时间及方式：1904 年之前入馆
编号：MKM A ОФ-9175

322. Бляшка
Бронза, литье. 40×38 мм
Место, дата и автор находки: Енисейская губерния, Минусинский уезд, Каптыревская волость, с. Субботино. Поступил до 1904 г.
Инвентарный номер: MKM A ОФ-9175

322. Plaque
Bronze, cast, 40×38mm

Findspot: Subbotino, Kaptyrevskaya, Minusinsk, Krasnoyarsk
Acquisition date and method: before 1904
Inventory No. MKM A ОФ-9175

323. 饰牌
青铜，铸造。60×35 毫米
发现地点：克拉斯诺亚尔斯克边疆区，米努辛斯克地区，瓦斯多钦区，韦勒赫尼亚 – 科亚村
入馆时间及方式：1928 年之前入馆
编号：MKM A ОФ-9308

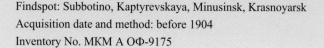

323. Бляшка
Бронза, литье. 60×35 мм
Место, дата и автор находки: Енисейская губерния, Минусинский уезд, Восточенская волость, д. Верхняя Коя. Поступил до 1928 г.
Инвентарный номер: MKM A ОФ-9308

323. Plaque
Bronze, cast, 60×35mm
Findspot: Verkhnyaya-Koya, Vostochenskaya, Minusinsk, Krasnoyarsk
Acquisition date and method: before 1928
Inventory No. MKM A ОФ-9308

324. 饰牌
青铜，铸造。45×25 毫米
发现地点：克拉斯诺亚尔斯克边疆区，米努辛斯克地区，科姆斯卡亚州，安纳什村
入馆时间及方式：1904 年之前入馆
编号：MKM A ОФ-8430

324. Застёжка
Бронза, литье. 45×25 мм
Место, дата и автор находки: Енисейская губерния, Минусинский уезд, Комская волость, с. Анаш. Поступил до 1904 г.
Инвентарный номер: MKM A ОФ-8430

324. Plaque
Bronze, cast, 45×25mm
Findspot: Anash, Komskaya, Minusinsk, Krasnoyarsk
Acquisition date and method: before 1904
Inventory No. MKM A ОФ-8430

325. 饰牌
青铜，铸造。76×74 毫米
发现地点：克拉斯诺亚尔斯克边疆区，米努辛斯克地区，吉格历茨区，吉格历茨科耶村
入馆时间及方式：1904 年之前入馆
编号：MKM A ОФ-9100

325. Бляшка
Бронза, литье. 76×74 мм
Место, дата и автор находки: Енисейская губерния, Минусинский уезд, Тигрицкая волость, с. Тигрицкое. Поступил до 1904 г.
Инвентарный номер: MKM A ОФ-9100

325. Plaque
Bronze, cast, 76×74mm

Findspot: Tigritskoe, Tigritskaya, Minusinsk, Krasnoyarsk
Acquisition date and method: before 1904
Inventory No. МКМ А ОФ-9100

326. 泡
青铜，铸造。直径 65 毫米
发现地点：克拉斯诺亚尔斯克边疆区，米努辛斯克地区，沙拉博林区，卡夫卡兹斯科耶村
入馆时间及方式：1904 年之前入馆
编号：МКМ А ОФ-7026

326. Колпачок
Бронза, литье. Диаметр 65 мм
Место, дата и автор находки: Енисейская губерния, Минусинский уезд, Шалаболинская волость, с. Кавказское. Поступил до 1904 г.
Инвентарный номер: МКМ А ОФ-7026

326. Ornamental boss
Bronze, cast, diameter 65mm
Findspot: Kavkazskoye, Shalabolinskaya, Minusinsk, Krasnoyarsk
Acquisition date and method: before 1904
Inventory No. МКМ А ОФ-7026

327. 泡
青铜，铸造。直径 75 毫米
发现地点：克拉斯诺亚尔斯克边疆区，米努辛斯克地区，阿巴坎区，比里亚村
入馆时间及方式：1904 年之前入馆
编号：МКМ А ОФ-7094

327. Колпачок
Бронза, литье. Диаметр 75 мм
Место, дата и автор находки: Енисейская губерния, Минусинский уезд, Абаканская волость, д. Биря. Поступил до 1904 г.
Инвентарный номер: МКМ А ОФ-7094

327. Ornamental boss
Bronze, cast, diameter 75mm
Findspot: Birya, Abakan, Minusinsk, Krasnoyarsk
Acquisition date and method: before 1904
Inventory No. МКМ А ОФ-7094

328. 饰牌
青铜，铸造。56 × 34 毫米
发现地点：克拉斯诺亚尔斯克边疆区，米努辛斯克地区，马里亚索沃村
入馆时间及方式：1904 年之前入馆
编号：МКМ А ОФ-9232

328. Бляшка
Бронза, литье. 56×34 мм
Место, дата и автор находки: Енисейская губерния, Минусинский уезд, с. Марьясово. Поступил до 1904 г.
Инвентарный номер: МКМ А ОФ-9232

328. Plaque
Bronze, cast, 56×34mm

Findspot: Maryasovo, Minusinsk, Krasnoyarsk
Acquisition date and method: before 1904
Inventory No. МКМ А ОФ-9232

329. 饰牌
青铜，铸造。长 22 毫米
发现地点：克拉斯诺亚尔斯克边疆区，米努辛斯克地区周边
入馆时间及方式：1904 年之前入馆
编号：МКМ А ОФ-9258

329. Бляшка
Бронза, литье. Диаметр 22 мм
Место, дата и автор находки: Енисейская губерния, Минусинский уезд. Поступил до 1904 г.
Инвентарный номер: МКМ А ОФ-9258

329. Plaque
Bronze, cast, length 22mm
Findspot: Minusinsk, Krasnoyarsk
Acquisition date and method: before 1904
Inventory No. МКМ А ОФ-9258

330. 饰牌
青铜，铸造。长 52 毫米
发现地点：克拉斯诺亚尔斯克边疆区，米努辛斯克地区周边，别伊斯卡亚州，别伊斯科耶村
入馆时间及方式：1904 年之前入馆
编号：МКМ А ОФ-9252

330. Бляшка
Бронза, литье. Диаметр 52 мм
Место, дата и автор находки: Енисейская губерния, Минусинский уезд, Бейская волость, с. Бейское. Поступил до 1904 г.
Инвентарный номер: МКМ А ОФ-9252

330. Plaque
Bronze, cast, length 52mm
Findspot: Beyskoye, Beyskaya, Minusinsk, Krasnoyarsk
Acquisition date and method: before 1904
Inventory No. МКМ А ОФ-9252

331. 饰牌
青铜，铸造。32 × 30 毫米
发现地点：克拉斯诺亚尔斯克边疆区，米努辛斯克地区
入馆时间及方式：1904 年之前入馆
编号：МКМ А ОФ-9257

331. Бляшка
Бронза, литье. 32×30 мм
Место, дата и автор находки: Енисейская губерния, Минусинский уезд. Поступил до 1904 г.
Инвентарный номер: МКМ А ОФ-9257

331. Plaque
Bronze, cast, 32×30mm
Findspot: Minusinsk, Krasnoyarsk

Acquisition date and method: before 1904
Inventory No. MKM A ОФ-9257

332. 饰牌

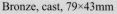

青铜，铸造。81×52毫米
发现地点：克拉斯诺亚尔斯克边疆区，米努辛斯克市
入馆时间及方式：1971 年，从 M. 奥沙洛维伊处征集
编号：MKM A ОФ-9993/3

332. Бляшка

Бронза, литье. 81×52 мм
Место, дата и автор находки: Красноярский край, г. Минусинск. Случайная находка на стройке Ошаровым М. в 1971 г.
Инвентарный номер: МКМ А ОФ-9993/3

332. Plaque

Bronze, cast, 81×52mm
Findspot: Minusinsk, Krasnoyarsk
Acquisition date and method: collected from M. Osharov in 1971
Inventory No. MKM A ОФ-9993/3

333. 饰牌

青铜，铸造。70×37毫米
发现地点：克拉斯诺亚尔斯克边疆区，米努辛斯克地区，叶尔马科夫区，韦勒赫尼－苏埃图克村
入馆时间及方式：1904 年之前入馆
编号：MKM A ОФ-9139

333. Бляшка

Бронза, литье. 70×37 мм
Место, дата и автор находки: Енисейская губерния, Минусинский уезд, Ермаковская волость, д. Верхний Суэтук. Поступил до 1904 г.
Инвентарный номер: МКМ А ОФ-9139

333. Plaque

Bronze, cast, 70×37mm
Findspot: Verkhniy-Suetuk, Yermakovskaya, Minusinsk, Krasnoyarsk
Acquisition date and method: before 1904
Inventory No. MKM A ОФ-9139

334. 饰牌

青铜，铸造。79×43毫米
发现地点：克拉斯诺亚尔斯克边疆区，米努辛斯克地区周边
入馆时间及方式：1904 年之前入馆
编号：MKM A ОФ-9108

334. Бляшка

Бронза, литье. 79×43 мм
Место, дата и автор находки: Енисейская губерния, Минусинский уезд. Поступил до 1904 г.
Инвентарный номер: МКМ А ОФ-9108

334. Plaque

Bronze, cast, 79×43mm
Findspot: Minusinsk, Krasnoyarsk
Acquisition date and method: before 1904
Inventory No. MKM A ОФ-9108

335. 饰牌

青铜，铸造。108×62毫米
发现地点：克拉斯诺亚尔斯克边疆区，米努辛斯克地区周边
入馆时间及方式：1904 年之前入馆
编号：MKM A ОФ-9105

335. Бляшка

Бронза, литье. 108 ×62 мм
Место, дата и автор находки: Енисейская губерния, Минусинский уезд. Поступил до 1904 г.
Инвентарный номер: МКМ А ОФ-9105

335. Plaque

Bronze, cast, 108×62mm
Findspot: Minusinsk, Krasnoyarsk
Acquisition date and method: before 1904
Inventory No. MKM A ОФ-9105

336. 饰牌

青铜，铸造。90×81毫米
发现地点：克拉斯诺亚尔斯克边疆区，米努辛斯克地区周边
入馆时间及方式：1904 年之前入馆
编号：MKM A ОФ-9146

336. Бляшка

Бронза, литье. 90×81 мм
Место, дата и автор находки: Енисейская губерния, Минусинский уезд. Поступил до 1904 г.
Инвентарный номер: МКМ А ОФ-9146

336. Plaque

Bronze, cast, 90×81mm
Findspot: Minusinsk, Krasnoyarsk
Acquisition date and method: before 1904
Inventory No. MKM A ОФ-9146

337. 环

青铜，铸造。直径 15 毫米
发现地点：克拉斯诺亚尔斯克边疆区，米努辛斯克市，N. V. 列昂季夫清理被毁墓葬时发现
入馆时间及方式：1967 年，N. V. 列昂季夫发掘
编号：MKM A ОФ-9969/13

337. Кольцо височное

Бронза, литье. Диаметр 15 мм
Место, дата и автор находки: Красноярский край, г. Минусинск. Сборы Н. В. Леонтьева на разрушенных могильниках у г. Минусинск. 1967 г.
Инвентарный номер: МКМ А ОФ-9969/13

337. Ring

Bronze, cast, diameter 15mm
Findspot: A damaged burial, Minusinsk, Krasnoyarsk
Acquisition date and method: excavated by N. V. Leontyev in 1967
Inventory No. MKM A ОФ-9969/13

338. 环

青铜，铸造。直径 63 毫米
发现地点：克拉斯诺亚尔斯克边疆区，米努辛斯克市，N. V. 列昂季夫清理被毁墓葬时发现
入馆时间及方式：1989 年，N. V. 列昂季夫发掘
编号：MKM A ОФ-11929

338. Кольцо височное

Бронза, литье. Диаметр 63 мм
Место, дата и автор находки: Красноярский край, г. Минусинск. Сборы Н. В. Леонтьева на разрушенных могильниках у г. Минусинск. 1989 г.
Инвентарный номер: MKM A ОФ-11929

338. Ring

Bronze, cast, diameter 63mm
Findspot: A damaged burial, Minusinsk, Krasnoyarsk
Acquisition date and method: excavated by N. V. Leontyev in 1989
Inventory No. MKM A ОФ-11929

339. 臂钏

青铜，铸造。高 37 毫米，直径 57 毫米
发现地点：克拉斯诺亚尔斯克边疆区，米努辛斯克地区，克里瓦亚村，克里瓦亚 6 号墓地
入馆时间及方式：1972 年，N. V. 列昂季夫发掘
编号：MKM A ОФ-10000/4

339. Браслет

Бронза, литье. Высота 37 мм. Диаметр 57 мм
Место, дата и автор находки: Красноярский край, Минусинский район, д. Кривая. Раскопки Н. В. Леонтьева на могильнике Кривая VI в 1972 г.
Инвентарный номер: MKM A ОФ-10000/4

339. Bracelet

Bronze, cast, height 37mm, diameter 57mm
Findspot: Krivaya Cemetery No. 6, Krivaya, Minusinsk, Krasnoyarsk
Acquisition date and method: excavated by N. V. Leontyev in 1972
Inventory No. MKM A ОФ-10000/4

340. 项链

发现地点：克拉斯诺亚尔斯克边疆区，米努辛斯克市，N. V. 列昂季夫清理被毁墓葬 2 号库尔干时发现
入馆时间及方式：1971 年，N. V. 列昂季夫发掘
编号：MKM A ОФ-9994/26

340. Низка бус

Место, дата и автор находки: Красноярский край, г. Минусинск. Сборы Н. В. Леонтьева на разрушенных курганах. Курган 2. Поступил в 1971 г.
Инвентарный номер: MKM A ОФ-9994/26

340. Necklace

Findspot: Minusinsk, Krasnoyarsk
Acquisition date and method: excavation of the Kurgan No. 2 by N. V. Leontyev in 1971
Inventory No. MKM A ОФ-9994/26

341. 镜

青铜，铸造。直径 105 毫米
发现地点：克拉斯诺亚尔斯克边疆区，库拉金区，卡切勒给诺村。库尔干内伊墓地，4 号库尔干
入馆时间及方式：1928 年，S. V. 吉谢列夫发掘
编号：MKM A ОФ-9775/46

341. Зеркало

Бронза, литье. Диаметр 105 мм
Место, дата и автор находки: Красноярский край, Курагинский район, с. Кочергино. Курганный могильник у с. Кочергино, курган 4. Раскопки С. В. Киселева 1928 г.
Инвентарный номер: MKM A ОФ-9775/46

341. Mirror

Bronze, cast, diameter 105mm
Findspot: Kurgan No. 4, Kurganniy Cemetery, Kochergino, Kuraginsky, Minusinsk, Krasnoyarsk
Acquisition date and method: excavated by S. V. Kiselev in 1928
Inventory No. MKM A ОФ-9775/46

342. 镜

青铜，铸造。直径 87 毫米
发现地点：克拉斯诺亚尔斯克边疆区，米努辛斯克地区，且巴给村
入馆时间及方式：1917 年之前入馆
编号：MKM A ОФ-4595

342. Зеркало

Бронза, литье. Диаметр 87 мм
Место, дата и автор находки: Енисейская губерния, Минусинский уезд, д. Чебаки. Поступил до 1917 г.
Инвентарный номер: MKM A ОФ-4595

342. Mirror

Bronze, cast, diameter 87mm
Findspot: Chebaki, Minusinsk, Krasnoyarsk
Acquisition date and method: before 1917
Inventory No. MKM A ОФ-4595

343. 镜

青铜，铸造。84 × 136 毫米
发现地点：克拉斯诺亚尔斯克边疆区，米努辛斯克地区，伊济赫山
入馆时间及方式：1904 年之前入馆
编号：MKM A ОФ-9080

343. Зеркало

Бронза, литье. 84×136 мм
Место, дата и автор находки: Енисейская губерния, Минусинский уезд, гора Изых. Поступил до 1904 г.

Инвентарный номер: МКМ А ОФ-9080

343. Mirror with handle
Bronze, cast, 84×136mm
Findspot: Izykh Mountain, Minusinsk, Krasnoyarsk
Acquisition date and method: before 1904
Inventory No. МКМ А ОФ-9080

344. 镜
青铜，铸造。96×135 毫米
发现地点：克拉斯诺亚尔斯克边疆区，米努辛斯克周边
入馆时间及方式：1904 年之前入馆
编号：МКМ А ОФ-9079

344. Зеркало
Бронза, литье. 96×135 мм
Место, дата и автор находки: Енисейская губерния, Минусинский уезд. Поступил до 1904 г.
Инвентарный номер: МКМ А ОФ-9079

344. Mirror with handle
Bronze, cast, 96×135mm
Findspot: Minusinsk, Krasnoyarsk
Acquisition date and method: before 1904
Inventory No. МКМ А ОФ-9079

345. 镜
青铜，铸造。90×114 毫米
发现地点：克拉斯诺亚尔斯克边疆区，米努辛斯克地区，塔什特普斯卡亚州，塔什特普村
入馆时间及方式：1904 年之前入馆
编号：МКМ А ОФ-9078

345. Зеркало
Бронза, литье. 90×114 мм
Место, дата и автор находки: Енисейская губерния, Минусинский уезд, Таштыпская волость, с. Таштып. Поступил до 1904 г.
Инвентарный номер: МКМ А ОФ-9078

345. Mirror with handle
Bronze, cast, 90×114mm
Findspot: Tashtyp, Tashtypskaya, Minusinsk, Krasnoyarsk
Acquisition date and method: before 1904
Inventory No. МКМ А ОФ-9078

346. 镜
青铜，铸造。96×84 毫米
发现地点：克拉斯诺亚尔斯克边疆区，米努辛斯克地区，兹纳缅区，乌斯季－叶勒巴村
入馆时间及方式：1904 年之前入馆
编号：МКМ А ОФ-9082

346. Зеркало
Бронза, литье. 96×84 мм
Место, дата и автор находки: Енисейская губерния, Минусинский уезд, Знаменская волость, с. Усть-Ерба. Поступил до 1904 г.
Инвентарный номер: МКМ А ОФ-9082

346. Mirror with handle
Bronze, cast, 90×114mm
Findspot: Ust-Erba, Znamenskaya, Minusinsk, Krasnoyarsk
Acquisition date and method: before 1904
Inventory No. МКМ А ОФ-9082

347. 镜
青铜，铸造。直径 120 毫米
发现地点：克拉斯诺亚尔斯克边疆区，米努辛斯克地区，乌斯季－捷西村，2 号库尔干
入馆时间及方式：1928 年，S. V. 吉谢列夫发掘
编号：МКМ А ОФ-9774/26

347. Зеркало
Бронза, литье. Диаметр 120 мм
Место, дата и автор находки: Енисейская губерния, Минусинский округ, з. Усть-Тесь, Раскопки Киселева С. В. В 1928 г. Курган 2
Инвентарный номер: МКМ А ОФ-9774/26

347. Mirror
Bronze, cast, diameter 120mm
Findspot: Kurgan No. 2, Ust-Tes, Minusinsk, Krasnoyarsk
Acquisition date and method: excavated by S. V. Kiselev in 1928
Inventory No. МКМ А ОФ-9774/26

348. 镜
青铜，铸造。直径 85 毫米
发现地点：克拉斯诺亚尔斯克边疆区，米努辛斯克地区，乌斯季－捷西村，1 号库尔干
入馆时间及方式：1928 年，S. V. 吉谢列夫发掘
编号：МКМ А ОФ-9774/6

348. Зеркало
Бронза, литье. Диаметр 85 мм
Место, дата и автор находки: Енисейская губерния, Минусинский округ, з. Усть-Тесь, Раскопки Киселева С. В. В 1928 г. Курган 1
Инвентарный номер: МКМ А ОФ-9774/6

348. Mirror
Bronze, cast, diameter 85mm
Findspot: Kurgan No. 1, Ust-Tes, Minusinsk, Krasnoyarsk
Acquisition date and method: excavated by S. V. Kiselev in 1928
Inventory No. МКМ А ОФ-9774/6

349. 镜
青铜，铸造。直径 58 毫米
发现地点：克拉斯诺亚尔斯克边疆区，米努辛斯克地区，乌斯季－捷西村，1 号库尔干
入馆时间及方式：1928 年，S. V. 吉谢列夫发掘
编号：МКМ А ОФ-9774/1

349. Зеркало
Бронза, литье. Диаметр 58 мм
Место, дата и автор находки: Енисейская губерния, Минусинский округ, з. Усть-Тесь, Раскопки Киселева С. В. В 1928 г. Курган 1
Инвентарный номер: МКМ А ОФ-9774/1

349. Mirror

Bronze, cast, diameter 58mm

Findspot: Kurgan No. 1, Ust-Tes, Minusinsk, Krasnoyarsk

Acquisition date and method: excavated by S. V. Kiselev in 1928

Inventory No. MKM A OФ-9774/1

350. 镦

青铜，铸造。直径 70×37 毫米

发现地点：克拉斯诺亚尔斯克边疆区，米努辛斯克地区，乌斯季－捷西村，2 号库尔干

入馆时间及方式：1928 年，S. V. 吉谢列夫发掘

编号：MKM A OФ-9774/36

350. Вток

Бронза, литье. 70×37 мм

Место, дата и автор находки: Енисейская губерния,Минусинский округ, з. Усть-Тесь, Раскопки Киселева С. В. В 1928 г. Курган 2

Инвентарный номер: MKM A OФ-9774/36

350. Cap for the butt of a spear shaft

Bronze, cast, 70×37mm

Findspot: Kurgan No. 2, Ust-Tes, Minusinsk, Krasnoyarsk

Acquisition date and method: excavated by S. V. Kiselev in 1928

Inventory No. MKM A OФ-9774/36

351. 鹤嘴斧

青铜，铸造。127×41 毫米

发现地点：克拉斯诺亚尔斯克边疆区，米努辛斯克地区，乌斯季－捷西村，1 号库尔干

入馆时间及方式：1928 年，S. V. 吉谢列夫发掘

编号：MKM A OФ-9774/2

351. Чекан

Бронза, литье. 127×41 мм

Место, дата и автор находки: Енисейская губерния,Минусинский округ, з. Усть-Тесь, Раскопки Киселева С. В. В 1928 г. Курган 1

Инвентарный номер: MKM A OФ-9774/2

351. Crane-beak axe

Bronze, cast, 127×41mm

Findspot: Kurgan No. 1, Ust-Tes, Minusinsk, Krasnoyarsk

Acquisition date and method: excavated by S. V. Kiselev in 1928

Inventory No. MKM A OФ-9774/2

352. 项链

青铜，石，玻璃

发现地点：克拉斯诺亚尔斯克边疆区，库拉金区，卡切勒给诺村。库尔干内伊墓地，2 号库尔干

入馆时间及方式：1928 年，S. V. 吉谢列夫发掘

编号：MKM A OФ-9775-16

352. Низка бус

Бронза, камень, стекло

Место, дата и автор находки: Красноярский край, Курагинский район, с. Кочергино. Курганный могильник у с. Кочергино, курган 2. Раскопки С. В. Киселева в 1928 г.

Инвентарный номер: MKM A OФ-9775-16

352. Necklace

Bronze, stone, and glass

Findspot: Kurgan No. 2, Kurganniy Cemetery, Kochergino, Kuraginsky, Minusinsk, Krasnoyarsk

Acquisition date and method: excavated by S. V. Kiselev in 1928

Inventory No. MKM A OФ-9775-16

353. 镞

青铜，铸造。26×10 毫米

发现地点：克拉斯诺亚尔斯克边疆区，库拉金区，卡切勒给诺村。库尔干内伊墓地，2 号库尔干

入馆时间及方式：1928 年，S. V. 吉谢列夫发掘

编号：MKM A OФ-9775/10

353. Наконечник стрелы

Бронза, литье. 26×10 мм

Место, дата и автор находки: Красноярский край, Курагинский район, с. Кочергино. Курганный могильник у с. Кочергино, курган 2. Раскопки С. В. Киселева в 1928 г.

Инвентарный номер: MKM A OФ-9775/10

353. Arrowhead

Bronze, cast, 26×10mm

Findspot: Kurgan No. 2, Kurganniy Cemetery, Kochergino, Kuraginsky, Minusinsk, Krasnoyarsk

Acquisition date and method: excavated by S. V. Kiselev in 1928

Inventory No. MKM A OФ-9775/10

354. 镞

青铜，铸造。32×12 毫米

发现地点：克拉斯诺亚尔斯克边疆区，库拉金区，卡切勒给诺村。库尔干内伊墓地，2 号库尔干

入馆时间及方式：1928 年，S. V. 吉谢列夫发掘

编号：MKM A OФ-9775/9

354. Наконечник стрелы

Бронза, литье. 32×12 мм

Место, дата и автор находки: Красноярский край, Курагинский район, с. Кочергино. Курганный могильник у с. Кочергино, курган 2. Раскопки С. В. Киселева в 1928 г.

Инвентарный номер: MKM A OФ-9775/9

354. Arrowhead

Bronze, cast, 32×12mm

Findspot: Kurgan No. 2, Kurganniy Cemetery, Kochergino, Kuraginsky, Minusinsk, Krasnoyarsk

Acquisition date and method: excavated by S. V. Kiselev in 1928

Inventory No. MKM A OФ-9775/9

355. 镞

青铜，铸造。35×11 毫米

发现地点：克拉斯诺亚尔斯克边疆区，库拉金区，卡切勒给诺村。库尔干内伊墓地，2 号库尔干

入馆时间及方式：1928 年，S. V. 吉谢列夫发掘

编号：MKM A OФ-9775/8

355. Наконечник стрелы

Бронза, литье. 35×11 мм

Место, дата и автор находки: Красноярский край, Курагинский район, с. Кочергино. Курганный могильник у с. Кочергино, курган 2. Раскопки С. В. Киселева в 1928 г.

Инвентарный номер: МКМ А ОФ-9775/8

355. Arrowhead

Bronze, cast, 35×11mm

Findspot: Kurgan No. 2, Kurganniy Cemetery, Kochergino, Kuraginsky, Minusinsk, Krasnoyarsk

Acquisition date and method: excavated by S. V. Kiselev in 1928

Inventory No. МКМ А ОФ-9775/8

356. 镞

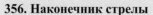

青铜，铸造。36×12毫米

发现地点：克拉斯诺亚尔斯克边疆区，库拉金区，卡切勒给诺村。库尔干内伊墓地，2号库尔干

入馆时间及方式：1928年，S. V. 吉谢列夫发掘

编号：МКМ А ОФ-9775/7

356. Наконечник стрелы

Бронза, литье. 36×12 мм

Место, дата и автор находки: Красноярский край, Курагинский район, с. Кочергино. Курганный могильник у с. Кочергино, курган 2. Раскопки С. В. Киселева в 1928 г.

356. Arrowhead

Bronze, cast, 36×12mm

Findspot: Kurgan No. 2, Kurganniy Cemetery, Kochergino, Kuraginsky, Minusinsk, Krasnoyarsk

Acquisition date and method: excavated by S. V. Kiselev in 1928

Inventory No. МКМ А ОФ-9775/7

357. 镞

青铜，铸造。53×12毫米

发现地点：克拉斯诺亚尔斯克边疆区，库拉金区，卡切勒给诺村。库尔干内伊墓地，2号库尔干

入馆时间及方式：1928年，S. V. 吉谢列夫发掘

编号：МКМ А ОФ-9775/11

357. Наконечник стрелы

Бронза, литье. 53×12 мм

Место, дата и автор находки: Красноярский край, Курагинский район, с. Кочергино. Курганный могильник у с. Кочергино, курган 2. Раскопки С. В. Киселева в 1928 г.

Инвентарный номер: МКМ А ОФ-9775/11

357. Arrowhead

Bronze, cast, 53×12mm

Findspot: Kurgan No. 2, Kurganniy Cemetery, Kochergino, Kuraginsky, Minusinsk, Krasnoyarsk

Acquisition date and method: excavated by S. V. Kiselev in 1928

Inventory No. МКМ А ОФ-9775/11

358. 镜

青铜，铸造。直径95毫米

发现地点：克拉斯诺亚尔斯克边疆区，库拉金区，卡切勒给诺村。库尔

干内伊墓地，2号库尔干

入馆时间及方式：1928年，S. V. 吉谢列夫发掘

编号：МКМ А ОФ-9775/25

358. Зеркало

Бронза, литье. Диаметр 95 мм

Место, дата и автор находки: Красноярский край, Курагинский район, с. Кочергино. Курганный могильник у с. Кочергино, курган 2. Раскопки С. В. Киселева в 1928 г.

Инвентарный номер: МКМ А ОФ-9775/25

358. Mirror

Bronze, cast, diameter 95mm

Findspot: Kurgan No. 2, Kurganniy Cemetery, Kochergino, Kuraginsky, Minusinsk, Krasnoyarsk

Acquisition date and method: excavated by S. V. Kiselev in 1928

Inventory No. МКМ А ОФ-9775/25

359. 刀

青铜，铸造。183×17毫米

发现地点：克拉斯诺亚尔斯克边疆区，库拉金区，卡切勒给诺村。库尔干内伊墓地，2号库尔干

入馆时间及方式：1928年，S. V. 吉谢列夫发掘

编号：МКМ А ОФ-9775/26

359. Нож

Бронза, литье. 183×17 мм

Место, дата и автор находки: Красноярский край, Курагинский район, с. Кочергино. Курганный могильник у с. Кочергино, курган 2. Раскопки С. В. Киселева в 1928 г.

Инвентарный номер: МКМ А ОФ-9775/26

359. Knife

Bronze, cast, 183×17mm

Findspot: Kurgan No. 2, Kurganniy Cemetery, Kochergino, Kuraginsky, Minusinsk, Krasnoyarsk

Acquisition date and method: excavated by S. V. Kiselev in 1928

Inventory No. МКМ А ОФ-9775/26

360. 刀

青铜，铸造。157×16毫米

发现地点：克拉斯诺亚尔斯克边疆区，库拉金区，卡切勒给诺村。库尔干内伊墓地，2号库尔干

入馆时间及方式：1928年，S. V. 吉谢列夫发掘

编号：МКМ А ОФ-9775/28

360. Нож

Бронза, литье. 157×16 мм

Место, дата и автор находки: Красноярский край, Курагинский район, с. Кочергино. Курганный могильник у с. Кочергино, курган 2. Раскопки С. В. Киселева в 1928 г.

Инвентарный номер: МКМ А ОФ-9775/28

360. Knife

Bronze, cast, 157×16mm

Findspot: Kurgan No. 2, Kurganniy Cemetery, Kochergino, Kuraginsky, Minusinsk, Krasnoyarsk

Acquisition date and method: excavated by S. V. Kiselev in 1928
Inventory No. MKM A ОФ-9775/28

361. 刀
青铜，铸造。132 × 13 毫米
发现地点：克拉斯诺亚尔斯克边疆区，库拉金区，卡切勒给诺村。库尔干内伊墓地，2 号库尔干
入馆时间及方式：1928 年，S. V. 吉谢列夫发掘
编号：MKM A ОФ-9775/31

361. Нож
Бронза, литье. 132×13 мм
Место, дата и автор находки: Красноярский край, Курагинский район, с. Кочергино. Курганный могильник у с. Кочергино, курган 2. Раскопки С. В. Киселева в 1928 г.
Инвентарный номер: MKM A ОФ-9775/31

361. Knife
Bronze, cast, 132×13mm
Findspot: Kurgan No. 2, Kurganniy Cemetery, Kochergino, Kuraginsky, Minusinsk, Krasnoyarsk
Acquisition date and method: excavated by S. V. Kiselev in 1928
Inventory No. MKM A ОФ-9775/31

362. 杆头饰
青铜，铸造。高 79 毫米，直径 58 毫米
发现地点：克拉斯诺亚尔斯克边疆区，卡拉图斯村
入馆时间及方式：1974 年，N. V. 列昂季夫清理被毁墓葬所得
编号：MKM A ОФ-10003/21

362. Навершие
Бронза, литье. Высота 79 мм; диаметр 58 мм
Место, дата и автор находки: Красноярский край, с. Каратуз, сборы Леонтьева на разрушенной могиле. 1974 г.
Инвентарный номер: MKM A ОФ-10003/21

362. Staff finial
Bronze, cast, height 79mm, diameter 58mm
Findspot: A damaged burial, Karatuz, Krasnoyarsk
Acquisition date and method: excavated by N. V. Leontyev in 1974
Inventory No. MKM A ОФ-10003/21

363. 杆头饰
青铜，铸造。高 83 毫米，直径 58 毫米
发现地点：克拉斯诺亚尔斯克边疆区，卡拉图斯村
入馆时间及方式：1974 年，N. V. 列昂季夫清理被毁墓葬所得
编号：MKM A ОФ-10003/20

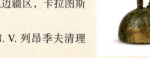

363. Навершие
Бронза, литье. Высота 83 мм; диаметр 58 мм
Место, дата и автор находки: Красноярский край, с. Каратуз, сборы Леонтьева на разрушенной могиле. 1974 г.
Инвентарный номер: MKM A ОФ-10003/20

363. Staff finial

Bronze, cast, height 83mm, diameter 58mm
Findspot: A damaged burial, Karatuz, Krasnoyarsk
Acquisition date and method: excavated by N. V. Leontyev in 1974
Inventory No. MKM A ОФ-10003/20

364. 刀
青铜，铸造。153 × 20 毫米
发现地点：克拉斯诺亚尔斯克边疆区，舒申斯克区，尼日尼亚 – 科亚村
入馆时间及方式：1974 年，N. V. 列昂季夫发掘
编号：MKM A ОФ-10003/2

364. Нож
Бронза, литье. 153×20 мм
Место, дата и автор находки: Красноярский край, Шушенкий район, с. Нижняя Коя, сборы Н. В. Леонтьева 1974 г.
Инвентарный номер: MKM A ОФ-10003/2

364. Knife
Bronze, cast, 153×20mm
Findspot: Nizhnyaya-Koya, Shushenkiy, Krasnoyarsk
Acquisition date and method: excavated by N. V. Leontyev in 1974
Inventory No. MKM A ОФ-10003/2

365. 镜
青铜，铸造。直径 135 毫米
发现地点：克拉斯诺亚尔斯克边疆区，米努辛斯克地区，克里瓦亚村。克里瓦 2 号墓地
入馆时间及方式：1972 年，N. V. 列昂季夫发掘
编号：MKM A ОФ-10000/3

365. Зеркало
Бронза, литье. Диаметр 135 мм
Место, дата и автор находки: Красноярский край, Минусинский район, д. Кривая. Раскопки Леонтьева 1972г. Могильник Кривая 2
Инвентарный номер: MKM A ОФ-10000/3

365. Mirror
Bronze, cast, diameter 135mm
Findspot: Krivaya Cemetery No. 2, Krivaya, Minusinsk, Krasnoyarsk
Acquisition date and method: excavated by N. V. Leontyev in 1972
Inventory No. MKM A ОФ-10000/3

366. 鹤嘴斧
青铜，铸造。158 × 45 毫米
发现地点：克拉斯诺亚尔斯克边疆区，卡拉图斯村
入馆时间及方式：1974 年，N. V. 列昂季夫清理被毁墓葬所得
编号：MKM A ОФ-10003/22

366. Чекан
Бронза, литье. 158×45 мм
Место, дата и автор находки: Красноярский край, с. Каратуз, сборы Леонтьева на разрушенной могиле. 1974 г.
Инвентарный номер: MKM A ОФ-10003/22

366. Crane-beak axe
Bronze, cast, 158×45mm
Findspot: A damaged burial, Karatuz, Krasnoyarsk
Acquisition date and method: excavated by N. V. Leontyev in 1974
Inventory No. MKM A ОФ-10003/22

367. 刀
青铜，铸造。170×22 毫米
发现地点：克拉斯诺亚尔斯克边疆区，哈卡斯自治州，乌斯季－阿巴坎斯基区，卡普恰雷村
入馆时间及方式：1935 年，V. P. 列瓦舍夫发掘卡普恰雷 3 号墓地时发现
编号：MKM A ОФ-9860/14

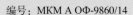

367. Нож
Бронза, литье. 170×22 мм
Место, дата и автор находки: Красноярский край, Хакасская автономная область, Усть-Абаканский район, д. Капчалы. Раскопки Левашевой В. П. , 1935 г. могильник Капчалы 3
Инвентарный номер: MKM A ОФ-9860/14

367. Knife
Bronze, cast, 170×22mm
Findspot: Kapchaly No. 3 Cemeterey, Kapchaly, Ust-Abakanskiy, Khakasskaya, Krasnoyarsk
Acquisition date and method: excavated by V. P. Levasheva in 1935
Inventory No. MKM A ОФ-9860/14

368. 锥
青铜，铸造。72×12 毫米
发现地点：克拉斯诺亚尔斯克边疆区，哈卡斯自治州，乌斯季－阿巴坎斯基区，卡普恰雷村
入馆时间及方式：1935 年，V. P. 列瓦舍夫发掘卡普恰雷 3 号墓地时发现
编号：MKM A ОФ-9860/12

368. Шило
Бронза, литье. 72×12 мм
Место, дата и автор находки: Красноярский край, Хакасская автономная область, Усть-Абаканский район, д. Капчалы. Раскопки Левашевой В. П. , 1935 г. могильник Капчалы 3
Инвентарный номер: MKM A ОФ-9860/12

368. Awl
Bronze, cast, 72×12mm
Findspot: Kapchaly No. 3 Cemeterey, Kapchaly, Ust-Abakanskiy, Khakasskaya, Krasnoyarsk
Acquisition date and method: excavated by V. P. Levasheva in 1935
Inventory No. MKM A ОФ-9860/12

369. 饰品
青铜，铸造。57×20 毫米
发现地点：克拉斯诺亚尔斯克边疆区，米努辛斯克地区，塔加尔岛
入馆时间及方式：1883 年，阿德里亚诺发掘
编号：MKM A 9744/5

369. Амулет
Бронза, литье. 57×20 мм
Место, дата и автор находки: Енисейская губерния, Минусинский уезд. Раскопки Адрианова на Тагарском острове. 1883 г.
Инвентарный номер: MKM A 9744/5

369. Ornament
Bronze, cast, 57×20mm
Findspot: Tagarsky Island, Minusinsk, Krasnoyarsk
Acquisition date and method: excavated by Adrianov in 1883
Inventory No. MKM A 9744/5

370. 饰品
青铜，铸造。73×18 毫米
发现地点：克拉斯诺亚尔斯克边疆区，米努辛斯克地区，塔加尔岛
入馆时间及方式：1883 年，阿德里亚诺发掘
编号：MKM A 9744/2

370. Амулет
Бронза, литье. 73×18 мм
Место, дата и автор находки: Енисейская губерния, Минусинский уезд. Раскопки Адрианова на Тагарском острове. 1883 г.
Инвентарный номер: MKM A 9744/2

370. Ornament
Bronze, cast, 73×18mm
Findspot: Tagarsky Island, Minusinsk, Krasnoyarsk
Acquisition date and method: excavated by Adrianov in 1883
Inventory No. MKM A 9744/2

371. 联珠饰
青铜，铸造。48×17 毫米
发现地点：克拉斯诺亚尔斯克边疆区，米努辛斯克市采石场被毁墓葬
入馆时间及方式：1989 年，N. V. 列昂季夫清理被毁墓葬所得
编号：MKM A ОФ-11939

371. Бляшка
Бронза, литье. 48×17 мм
Место, дата и автор находки: Красноярский край, г. Минусинск. Обследование Леонтьева Н. В. в 1989 г. Разрушенные могилы могильника Минусинск-карьер
Инвентарный номер: MKM A ОФ-11939

371. Plaque shaped like linked beads
Bronze, cast, 48×17mm
Findspot: A damaged burial, Minusinsk, Krasnoyarsk
Acquisition date and method: excavated by N. V. Leontyev in 1989
Inventory No. MKM A ОФ-11939

372. 联珠饰
青铜，铸造。48×17 毫米
发现地点：克拉斯诺亚尔斯克边疆区，米努辛斯克市采石场被毁墓葬
入馆时间及方式：1989 年，N. V. 列昂季夫清理被毁墓葬所得
编号：MKM A ОФ-11938

372. Бляшка

Бронза, литье. 48×17 мм

Место, дата и автор находки: Красноярский край, г. Минусинск. Обследование Леонтьева Н. В. в 1989 г. Разрушенные могилы могильника Минусинск-карьер

Инвентарный номер: МКМ А ОФ-11938

372. Plaque shaped like linked beads

Bronze, cast, 48×17mm

Findspot: A damaged burial, Minusinsk, Krasnoyarsk

Acquisition date and method: excavaed by N. V. Leontyev in 1989

Inventory No. МКМ А ОФ-11938

373. 环状物

青铜，铸造。直径 72 毫米

发现地点：克拉斯诺亚尔斯克边疆区，米努辛斯克地区，波特罗希洛沃村，波特罗希洛沃墓地

入馆时间及方式：1989 年，N. V. 列昂季夫发掘

编号：МКМ А 11965

373. Кольцо

Бронза, литье. Диаметр 72 мм

Место, дата и автор находки: Красноярский край, Минускинский район, с. Потрошилово. Раскопки Леонтьева 1989 г. Потрошиловский могильник

Инвентарный номер: МКМ А 11965

373. Ring

Bronze, cast, diameter 72mm

Findspot: Potroshilovo Cemetery, Potroshilovo, Minusinsk, Krasnoyarsk

Acquisition date and method: excavated by N. V. Leontyev in 1989

Inventory No. МКМ А 11965

374. 环状物

青铜，铸造。直径 71 毫米

发现地点：克拉斯诺亚尔斯克边疆区，米努辛斯克地区，波特罗希洛沃村，波特罗希洛沃墓地

入馆时间及方式：1989 年，N. V. 列昂季夫发掘

编号：МКМ А 11964

374. Кольцо

Бронза, литье. Диаметр 71 мм

Место, дата и автор находки: Красноярский край, Минускинский район, с. Потрошилово. Раскопки Леонтьева 1989 г. Потрошиловский могильник

Инвентарный номер: МКМ А 11964

374. Ring

Bronze, cast, diameter 71mm

Findspot: Potroshilovo Cemetery, Potroshilovo, Minusinsk, Krasnoyarsk

Acquisition date and method: excavated by N. V. Leontyev in 1989

Inventory No. МКМ А 11964

375. 耳环

青铜，铸造。直径 22 毫米

发现地点：克拉斯诺亚尔斯克边疆区，米努辛斯克市采石场被毁墓葬

入馆时间及方式：1989 年，N. V. 列昂季夫清理被毁墓葬所得

编号：МКМ А ОФ-11934

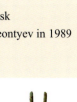

375. Кольцо височное

Бронза, литье. Диаметр 22 мм

Место, дата и автор находки: Красноярский край, г. Минусински. Обследования Леонтьева в 1989 г. Разрушенные могилы могильника Минусинск-карьер

Инвентарный номер: МКМ А ОФ-11934

375. Earring

Bronze, cast, diameter 22mm

Findspot: A damaged burial, Minusinsk, Krasnoyarsk

Acquisition date and method: excavated by N. V. Leontyev in 1989

Inventory No. МКМ А ОФ-11934

376. 耳环

青铜，铸造。直径 27 毫米

发现地点：克拉斯诺亚尔斯克边疆区，米努辛斯克市采石场被毁墓葬

入馆时间及方式：1989 年，N. V. 列昂季夫清理被毁墓葬所得

编号：МКМ А ОФ-11936

376. Кольцо височное

Бронза, литье. Диаметр 27 мм

Место, дата и автор находки: Красноярский край, г. Минусински. Обследования Леонтьева в 1989 г. Разрушенные могилы могильника Минусинск-карьер

Инвентарный номер: МКМ А ОФ-11936

376. Earring

Bronze, cast, diameter 27mm

Findspot: A damaged burial, Minusinsk, Krasnoyarsk

Acquisition date and method: excavated by N. V. Leontyev in 1989

Inventory No. МКМ А ОФ-11936

377. 耳环

青铜，铸造。直径 25 毫米

发现地点：克拉斯诺亚尔斯克边疆区，米努辛斯克市采石场被毁墓葬

入馆时间及方式：1989 年，N. V. 列昂季夫清理被毁墓葬所得

编号：МКМ А ОФ-11931

377. Кольцо височное

Бронза, литье. Диаметр 25 мм

Место, дата и автор находки: Красноярский край, г. Минусински. Обследования Леонтьева Н. В. в 1989 г. Разрушенные могилы могильника Минусинск-карьер

Инвентарный номер: МКМ А ОФ-11931

377. Earring

Bronze, cast, diameter 25mm
Findspot: A damaged burial, Minusinsk, Krasnoyarsk
Acquisition date and method: excavated by N. V. Leontyev in 1989
Inventory No. МКМ А ОФ-11931

378. 耳环
青铜，铸造。直径 22 毫米
发现地点：克拉斯诺亚尔斯克边疆区，米努辛斯
克市采石场被毁墓葬
入馆时间及方式：1989 年，N. V. 列昂季夫清理
被毁墓葬所得
编号：МКМ А ОФ-11935

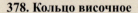

378. Кольцо височное
Бронза, литье. Диаметр 22 мм
Место, дата и автор находки: Красноярский край, г. Минусински.
Обследования Леонтьева в 1989 г. Разрушенные могилы
могильника Минусинск-карьер
Инвентарный номер: МКМ А ОФ-11935

378. Earring
Bronze, cast, diameter 22mm
Findspot: A damaged burial, Minusinsk, Krasnoyarsk
Acquisition date and method: excavated by N. V. Leontyev in 1989
Inventory No. МКМ А ОФ-11935

379. 耳环
青铜，铸造。直径 25 毫米
发现地点：克拉斯诺亚尔斯克边疆区，米努辛斯
克市采石场被毁墓葬
入馆时间及方式：1989 年，N. V. 列昂季夫清理
被毁墓葬所得
编号：МКМ А ОФ-11932

379. Кольцо височное
Бронза, литье. Диаметр 25 мм
Место, дата и автор находки: Красноярский край, г. Минусински.
Обследования Леонтьева в 1989 г. Разрушенные могилы
могильника Минусинск-карьер
Инвентарный номер: МКМ А ОФ-11932

379. Earring
Bronze, cast, diameter 25mm
Findspot: A damaged burial, Minusinsk, Krasnoyarsk
Acquisition date and method: excavated by N. V. Leontyev in 1989
Inventory No. МКМ А ОФ-11932

380. 耳环
青铜，铸造。直径 27 毫米
发现地点：克拉斯诺亚尔斯克边疆区，米努辛斯
克市采石场被毁墓葬
入馆时间及方式：1989 年，N. V. 列昂季夫清理
被毁墓葬所得
编号：МКМ А ОФ-11930

380. Кольцо височное
Бронза, литье. Диаметр 27 мм

Место, дата и автор находки: Красноярский край, г. Минусинск.
Обследования Леонтьева в 1989 г. Разрушенные могилы
могильника Минусинск-карьер
Инвентарный номер: МКМ А ОФ-11930

380. Earring
Bronze, cast, diameter 27mm
Findspot: A damaged burial, Minusinsk, Krasnoyarsk
Acquisition date and method: excavated by N. V. Leontyev in 1989
Inventory No. МКМ А ОФ-11930

381. 刀
青铜，铸造。141 × 22 毫米
发现地点：克拉斯诺亚尔斯克边疆区，米努辛斯
克市，N. V. 列昂季夫清理被毁库尔干时发现
入馆时间及方式：1971 年，N. V. 列昂季夫发掘
编号：МКМ А ОФ-9994/11

381. Нож
Бронза, литье. 141×22 мм
Место, дата и автор находки: Красноярский край, г. Минусинск.
Сборы Н. В. Леонтьева на разрушенных курганах. Поступил в
1971 г.
Инвентарный номер: МКМ А ОФ-9994/11

381. Knife
Bronze, cast, 141×22mm
Findspot: A damaged kurgan, Minusinsk, Krasnoyarsk
Acquisition date and method: excavated by N. V. Leontyev in 1971
Inventory No. МКМ А ОФ-9994/11

382. 刀
青铜，铸造。176 × 18 毫米
发现地点：克拉斯诺亚尔斯克边疆区，米努辛斯
克市，N. V. 列昂季夫清理被毁库尔干时发现
入馆时间及方式：1971 年，N. V. 列昂季夫发掘
编号：МКМ А ОФ-9994/32

382. Нож
Бронза, литье. 176×18 мм
Место, дата и автор находки: Красноярский край, г. Минусинск.
Сборы Н. В. Леонтьева на разрушенных курганах. Поступил в
1971 г.
Инвентарный номер: МКМ А ОФ-9994/32

382. Knife
Bronze, cast, 176×18mm
Findspot: A damaged kurgan, Minusinsk, Krasnoyarsk
Acquisition date and method: excavated by N. V. Leontyev in 1971
Inventory No. МКМ А ОФ-9994/32

383. 刀
青铜，铸造。122 × 16 毫米
发现地点：克拉斯诺亚尔斯克边疆区，米努辛斯
克市，N. V. 列昂季夫清理被毁库尔干时发现
入馆时间及方式：1971 年，N. V. 列昂季夫发掘
编号：МКМ А ОФ-9994/23

383. Нож
Бронза, литье. 122×16 мм
Место, дата и автор находки: Красноярский край, г. Минусинск. Сборы Н. В. Леонтьева на разрушенных курганах. Поступил в 1971 г.
Инвентарный номер: МКМ А ОФ-9994/23
383. Knife
Bronze, cast, 122×16mm
Findspot: A damaged kurgan, Minusinsk, Krasnoyarsk
Acquisition date and method: excavated by N. V. Leontyev in 1971
Inventory No. МКМ А ОФ-9994/23

384. 刀
青铜，铸造。176 × 18 毫米
发现地点：克拉斯诺亚尔斯克边疆区，米努辛斯克市，N. V. 列昂季夫清理被毁库尔干时发现
入馆时间及方式：1971 年，N. V. 列昂季夫发掘
编号：МКМ А ОФ-9994/32

384. Нож
Бронза, литье. 176×18 мм
Место, дата и автор находки: Красноярский край, г. Минусинск. Сборы Н. В. Леонтьева на разрушенных курганах. Поступил в 1971 г.
Инвентарный номер: МКМ А ОФ-9994/32
384. Knife
Bronze, cast, 176×18mm
Findspot: A damaged kurgan, Minusinsk, Krasnoyarsk
Acquisition date and method: excavated by N. V. Leontyev in 1971
Inventory No. МКМ А ОФ-9994/32

385. 鹤嘴斧
青铜，铸造。154 × 55 毫米，重 66 克
发现地点：克拉斯诺亚尔斯克边疆区，米努辛斯克市，N. V. 列昂季夫清理被毁库尔干时发现
入馆时间及方式：1971 年，N. V. 列昂季夫发掘
编号：МКМ А ОФ-9994/12

385. Чекан
Бронза, литье. 154×55 мм. вес 66 г.
Место, дата и автор находки: Красноярский край, г. Минусинск. Сборы Н. В. Леонтьева на разрушенных курганах. Поступил в 1971 г.
Инвентарный номер: МКМ А ОФ-9994/12
385. Crane-beak axe
Bronze, cast, 154×55mm, weight 66g
Findspot: A damaged kurgan, Minusinsk, Krasnoyarsk
Acquisition date and method: excavated by N. V. Leontyev in 1971
Inventory No. МКМ А ОФ-9994/12

386. 镦
青铜，铸造。56 × 27 毫米
发现地点：克拉斯诺亚尔斯克边疆区，米努辛斯克市，N. V. 列昂季夫

清理被毁库尔干时发现
入馆时间及方式：1971 年，N. V. 列昂季夫发掘
编号：МКМ А ОФ-9994/13

386. Вток
Бронза, литье. 56×27 мм
Место, дата и автор находки: Красноярский край, г. Минусинск. Сборы Н. В. Леонтьева на разрушенных курганах. Поступил в 1971 г.
Инвентарный номер: МКМ А ОФ-9994/13
386. Cap for the butt of a spear shaft
Bronze, cast, 56×27mm
Findspot: A damaged kurgan, Minusinsk, Krasnoyarsk
Acquisition date and method: excavated by N. V. Leontyev in 1971
Inventory No. МКМ А ОФ-9994/13

387. 镦
青铜，铸造。44 × 21 毫米
发现地点：克拉斯诺亚尔斯克边疆区，米努辛斯克市，N. V. 列昂季夫清理被毁库尔干时发现
入馆时间及方式：1971 年，N. V. 列昂季夫发掘
编号：МКМ А ОФ-9994/14

387. Вток
Бронза, литье. 44×21 мм
Место, дата и автор находки: Красноярский край, г. Минусинск. Сборы Н. В. Леонтьева на разрушенных курганах. Поступил в 1971 г.
Инвентарный номер: МКМ А ОФ-9994/14
387. Cap for the butt of a spear shaft
Bronze, cast, 44×21mm
Findspot: A damaged kurgan, Minusinsk, Krasnoyarsk
Acquisition date and method: excavated by N. V. Leontyev in 1971
Inventory No. МКМ А ОФ-9994/14

388. 镜
青铜，铸造。直径 74 毫米
发现地点：克拉斯诺亚尔斯克边疆区，米努辛斯克市，N. V. 列昂季夫清理被毁库尔干时发现
入馆时间及方式：1971 年，N. V. 列昂季夫发掘
编号：МКМ А ОФ-9994/30

388. Зеркало
Бронза, литье. Диаметр 74 мм
Место, дата и автор находки: Красноярский край, г. Минусинск. Сборы Н. В. Леонтьева на разрушенных курганах. Поступил в 1971 г.
Инвентарный номер: МКМ А ОФ-9994/30
388. Mirror
Bronze, cast, diameter 74 mm
Findspot: A damaged kurgan, Minusinsk, Krasnoyarsk
Acquisition date and method: excavated by N. V. Leontyev in 1971
Inventory No. МКМ А ОФ-9994/30

389. 镜

青铜，铸造。直径 68 毫米

发现地点：克拉斯诺亚尔斯克边疆区，米努辛斯克市，N. V. 列昂季夫清理被毁库尔干时发现

入馆时间及方式：1971 年，N. V. 列昂季夫发掘

编号：МКМ А ОФ-9994/15

389. Зеркало

Бронза, литье. Диаметр 68 мм

Место, дата и автор находки: Красноярский край, г. Минусинск. Сборы Н. В. Леонтьева на разрушенных курганах. Поступил в 1971 г.

Инвентарный номер: МКМ А ОФ-9994/15

389. Mirror

Bronze, cast, diameter 68 mm

Findspot: A damaged kurgan, Minusinsk, Krasnoyarsk

Acquisition date and method: excavated by N. V. Leontyev in 1971

Inventory No. МКМ А ОФ-9994/15

390. 镜

青铜，铸造。直径 62 毫米

发现地点：克拉斯诺亚尔斯克边疆区，米努辛斯克市，N. V. 列昂季夫清理被毁库尔干时发现

入馆时间及方式：1971 年，N. V. 列昂季夫发掘

编号：МКМ А ОФ-9994/24

390. Зеркало

Бронза, литье. Диаметр 62 мм

Место, дата и автор находки: Красноярский край, г. Минусинск. Сборы Н. В. Леонтьева на разрушенных курганах. Поступил в 1971 г.

Инвентарный номер: МКМ А ОФ-9994/24

390. Mirror

Bronze, cast, diameter 62 mm

Findspot: A damaged kurgan, Minusinsk, Krasnoyarsk

Acquisition date and method: excavated by N. V. Leontyev in 1971

Inventory No. МКМ А ОФ-9994/24

391. 手镯残块

青铜，铸造。总长度 161 毫米

发现地点：克拉斯诺亚尔斯克边疆区，米努辛斯克市，N. V. 列昂季夫清理被毁库尔干时发现

入馆时间及方式：1971 年，N. V. 列昂季夫发掘

编号：МКМ А ОФ-9994/18

391. 3 фрагменты браслета

Бронза, литье. Общая длина 161 мм

Место, дата и автор находки: Красноярский край, г. Минусинск.

Сборы Н. В. Леонтьева на разрушенных курганах. Поступил в 1971 г.

Инвентарный номер: МКМ А ОФ-9994/18

391. 3-Bracelet fragment

Bronze, cast, total length 161 mm

Findspot: A damaged kurgan, Minusinsk, Krasnoyarsk

Acquisition date and method: excavated by N. V. Leontyev in 1971

Inventory No. МКМ А ОФ-9994/18

392. 镜

青铜，铸造。直径 108 毫米

发现地点：克拉斯诺亚尔斯克边疆区，米努辛斯克市，N. V. 列昂季夫清理被毁库尔干时发现

入馆时间及方式：1971 年，N. V. 列昂季夫发掘

编号：МКМ А ОФ-9994/4

392. Зеркало

Бронза, литье. Диаметр 108 мм

Место, дата и автор находки: Красноярский край, г. Минусинск. Сборы Н. В. Леонтьева на разрушенных курганах. Поступил в 1971 г.

Инвентарный номер: МКМ А ОФ-9994/4

392. Mirror

Bronze, cast, diameter 108 mm

Findspot: A damaged kurgan, Minusinsk, Krasnoyarsk

Acquisition date and method: excavated by N. V. Leontyev in 1971

Inventory No. МКМ А ОФ-9994/4

393. 不知名器物

青铜，铸造。17×10 毫米，18×10 毫米

发现地点：克拉斯诺亚尔斯克边疆区，米努辛斯克市，N. V. 列昂季夫清理被毁库尔干时发现

入馆时间及方式：1971 年，N. V. 列昂季夫发掘

编号：МКМ А ОФ-9994/27

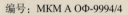

393. Предметы неизвестного назначения

Бронза, литье. 17×10мм; 18×10 мм

Место, дата и автор находки: Красноярский край, г. Минусинск. Сборы Н. В. Леонтьева на разрушенных курганах. Поступил в 1971 г.

Инвентарный номер: МКМ А ОФ-9994/27

393. Unidentified object

Bronze, cast, 17×10mm, 18 ×10mm

Findspot: A damaged kurgan, Minusinsk, Krasnoyarsk

Acquisition date and method: excavated by N. V. Leontyev in 1971

Inventory No. МКМ А ОФ-9994/27

394. 腰牌饰

青铜，铸造。124×53 毫米

发现地点：克拉斯诺亚尔斯克边疆区，米努辛斯克地区，伊德林斯卡亚，博利绍伊捷列克村

入馆时间及方式：1904 年之前入馆

编号：MKM A ОФ-9103

394. Пластина поясная

Бронза, литье. 124×53 мм

Место, дата и автор находки: Енисейская губерния, Минусинский уезд, Идринская волость, д. Большой Телек. Поступил до 1904 г.

Инвентарный номер: МКМ А ОФ-9103

394. Belt plaque

Bronze, cast, 124×53mm

Findspot: Bolshoy-Telek, Idrinskaya, Minusinsk, Krasnoyarsk

Acquisition date and method: before 1904

Inventory No. MKM A ОФ-9103

395. 腰牌饰

青铜，铸造。136×66 毫米

发现地点：克拉斯诺亚尔斯克边疆区，米努辛斯克地区，科切尔金区，马拉亚 – 因尼亚村

入馆时间及方式：1904 年之前入馆

编号：MKM A ОФ-9087

395. Пластина поясная

Бронза, литье. 136×66 мм

Место, дата и автор находки: Енисейская губерния, Минусинский уезд, Кочергинская волость, д. Малая Иня. Поступил до 1904 г.

Инвентарный номер: МКМ А ОФ-9087

395. Belt plaque

Bronze, cast, 136×66mm

Findspot: Malaya-Inya, Kocherginskaya, Minusinsk, Krasnoyarsk

Acquisition date and method: before 1904

Inventory No. MKM A ОФ-9087

396. 腰牌饰

青铜，铸造。133×65 毫米

发现地点：克拉斯诺亚尔斯克边疆区，米努辛斯克地区，科切尔金区，马拉亚 – 因尼亚村

入馆时间及方式：1904 年之前入馆

编号：MKM A ОФ-9085

396. Пластина поясная

Бронза, литье. 133×65 мм

Место, дата и автор находки: Енисейская губерния, Минусинский уезд, Кочергинская волость, д. Малая Иня. Поступил до 1904 г.

Инвентарный номер: МКМ А ОФ-9085

396. Belt plaque

Bronze, cast, 133×65mm

Findspot: Malaya-Inya, Kocherginskaya, Minusinsk, Krasnoyarsk

Acquisition date and method: before 1904

Inventory No. MKM A ОФ-9085

397. 腰牌饰

青铜，铸造。134×65 毫米

发现地点：克拉斯诺亚尔斯克边疆区，米努辛斯克市

入馆时间及方式：1971 年，M.V.奥沙罗维姆发现

编号：MKM A ОФ-9993/4

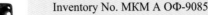

397. Пластина поясная

Бронза, литье. 134×65 мм

Место, дата и автор находки: Красноярский край, г. Минусинск. Найдена Ошаровым М. В 1971 г.

Инвентарный номер: МКМ А ОФ-9993/4

397. Belt plaque

Bronze, cast, 134×65mm

Findspot: Minusinsk, Krasnoyarsk

Acquisition date and method: found by M. V. Osharovym in 1971

Inventory No. MKM A ОФ-9993/4

398. 腰牌饰

青铜，铸造。105×50 毫米

发现地点：克拉斯诺亚尔斯克边疆区，米努辛斯克地区周边

入馆时间及方式：1929 年入馆

编号：MKM A ОФ-9997/7

398. Пластина поясная

Бронза, литье. 105×50 мм

Место, дата и автор находки: Сибирский край, Минусинский округ. Поступил в 1929 г.

Инвентарный номер: МКМ А ОФ-9997/7

398. Belt plaque

Bronze, cast, 105×50mm

Findspot: Minusinsk, Krasnoyarsk

Acquisition date and method: 1929

Inventory No. MKM A ОФ-9997/7

399. 腰牌饰

青铜，铸造。95×57 毫米

发现地点：克拉斯诺亚尔斯克边疆区，米努辛斯克地区，别伊斯卡亚州，卡利斯卡亚村

入馆时间及方式：1904 年之前入馆

编号：MKM A ОФ-9096

399. Пластина поясная

Бронза, литье. 95×57 мм

Место, дата и автор находки: Енисейская губерния, Минусинский уезд, Бейская волость, д. Кальская (Калы). Поступил до 1904 г.

Инвентарный номер: МКМ А ОФ-9096

399. Belt plaque

Bronze, cast, 95×57mm

Findspot: Kaly (formerly Kalskaya), Beyskaya, Minusinsk, Krasnoyarsk

Acquisition date and method: before 1904

Inventory No. МКМ А ОФ-9096

400. 腰牌饰

青铜，铸造。121×54 毫米

发现地点：克拉斯诺亚尔斯克边疆区，米努辛斯克地区，别伊斯卡亚州，塔巴特村

入馆时间及方式：1904 年之前入馆

编号：МКМ А ОФ-9054

400. Пластина поясная

Бронза, литье. 121×54 мм

Место, дата и автор находки: Енисейская губерния, Минусинский уезд, Бейская волость, с. Табат. Поступил до 1904 г.

Инвентарный номер: МКМ А ОФ-9054

400. Belt plaque

Bronze, cast, 121×54mm

Findspot: Tabat, Beyskaya, Minusinsk, Krasnoyarsk

Acquisition date and method: before 1904

Inventory No. МКМ А ОФ-9054

401. 腰牌饰

青铜，铸造。117×62 毫米

发现地点：克拉斯诺亚尔斯克边疆区，米努辛斯克地区，阿巴坎州，乌斯季－瑟达村

入馆时间及方式：1904 年之前入馆

编号：МКМ А ОФ-9061

401. Пластина поясная

Бронза, литье. 117×62 мм

Место, дата и автор находки: Енисейская губерния, Минусинский уезд, Абаканская волость, д. Усть-Сыда (Крапивиха). Поступил до 1904 г.

Инвентарный номер: МКМ А ОФ-9061

401. Belt plaque

Bronze, cast, 117×62mm

Findspot: Ust-Syda(formerly Krapivikha), Abakanskay, Minusinsk, Krasnoyarsk

Acquisition date and method: before 1904

Inventory No. МКМ А ОФ-9061

402. 腰牌饰

青铜，铸造。102×68 毫米

发现地点：克拉斯诺亚尔斯克边疆区，米努辛斯克地区，马里亚索沃村

入馆时间及方式：1904 年之前入馆

编号：МКМ А ОФ-9095

402. Пластина

Бронза, литье. 102×68 мм

Место, дата и автор находки: Енисейская губерния, Минусинский уезд, с. Марьясово. Поступил до 1904 г.

Инвентарный номер: МКМ А ОФ-9095

402. Belt plaque

Bronze, cast, 102×68mm

Findspot: Maryasovo, Minusinsk, Krasnoyarsk

Acquisition date and method: before 1904

Inventory No. МКМ А ОФ-9095

403. 腰牌饰

青铜，铸造。95×65 毫米

发现地点：克拉斯诺亚尔斯克边疆区，米努辛斯克地区，马里亚索沃村

入馆时间及方式：1904 年之前入馆

编号：МКМ А ОФ-9093

403. Пряжка

Бронза, литье. 95×65 мм

Место, дата и автор находки: Енисейская губерния, Минусинский уезд, с. Марьясово. Поступил до 1904 г.

Инвентарный номер: МКМ А ОФ-9093

403. Belt plaque

Bronze, cast, 95×65mm

Findspot: Maryasovo, Minusinsk, Krasnoyarsk

Acquisition date and method: before 1904

Inventory No. МКМ А ОФ-9093

404. 腰牌饰

青铜，铸造。88×51 毫米

发现地点：克拉斯诺亚尔斯克边疆区，米努辛斯克地区

入馆时间及方式：1904 年之前入馆

编号：МКМ А ОФ-9056

404. Пластина поясная

Бронза, литье. 88×51 мм

Место, дата и автор находки: Енисейская губерния, Минусинский уезд. Поступил до 1904 г.

Инвентарный номер: МКМ А ОФ-9056

404. Belt plaque

Bronze, cast, 88×51mm

Findspot: Minusinsk, Krasnoyarsk

Acquisition date and method: before 1904

Inventory No. МКМ А ОФ-9056

405. 腰牌饰

青铜，铸造。108×69 毫米

发现地点：克拉斯诺亚尔斯克边疆区，米努辛斯克地区，索罗金纳村，被毁墓葬

入馆时间及方式：В.А.博尔特诺夫捐赠

编号：МКМ А ОФ-11994

405. Пластина поясная
Бронза, литье. 108×69 мм
Место, дата и автор находки: Красноярский край, Краснотуранский район, д. Сорокина. Из разрушенного погребения. Дар от В. А. Бортновского
Инвентарный номер: МКМ А ОФ-11994
405. Belt plaque
Bronze, cast, 108×69mm
Findspot: Sorokina, Minusinsk, Krasnoyarsk
Acquisition date and method: donated by V. A. Bort Novsky
Inventory No. МКМ А ОФ-11994

406. 环形器
青铜，铸造。直径 41 毫米
发现地点：克拉斯诺亚尔斯克边疆区，米努辛斯克地区，卡普特列夫区，卡普特列夫斯科耶村
入馆时间及方式：1904 年之前入馆
编号：МКМ А ОФ-8535

406. Украшение
Бронза, литье. Диаметр 41 мм
Место, дата и автор находки: Енисейская губерния, Минусинский уезд, Каптыревская волость, Каптыревское с. Поступил до 1904 г.
Инвентарный номер: МКМ А ОФ-8535
406. Annular object
Bronze, cast, diameter 41mm
Findspot: Kaptyrevskoye, Kaptyrevskaya, Minusinsk, Krasnoyarsk
Acquisition date and method: before 1904
Inventory No. МКМ А ОФ-8535

407. 环形器
青铜，铸造。直径 49 毫米
发现地点：克拉斯诺亚尔斯克边疆区，米努辛斯克地区，卡普特列夫区，伊贾村
入馆时间及方式：1904 年之前入馆
编号：МКМ А ОФ-8540

407. Украшение
Бронза, литье. Диаметр 49 мм
Место, дата и автор находки: Енисейская губерния, Минусинский уезд, Каптыревская волость, Иджа д. Поступил до 1904 г.
Инвентарный номер: МКМ А ОФ-8540
407. Annular object
Bronze, cast, diameter 49mm
Findspot: Idzha, Kaptyrevskaya, Minusinsk, Krasnoyarsk
Acquisition date and method: before 1904
Inventory No. МКМ А ОФ-8540

408. 环形器
青铜，铸造。54 × 51 毫米
发现地点：克拉斯诺亚尔斯克边疆区，米努辛斯克地区，沃斯托琴斯卡亚区，韦尔赫尼亚 – 科亚村
入馆时间及方式：1904 年之前入馆
编号：МКМ А ОФ-8527

408. Подвеска
Бронза, литье. 54×51мм
Место, дата и автор находки: Енисейская губерния, Минусинский уезд, Восточенская волость, Верхняя Коя д. Поступил до 1904 г.
Инвентарный номер: МКМ А ОФ-8527
408. Annular object
Bronze, cast, 54×51mm
Findspot: Verkhnyaya-Koya, Vostochenskay, Minusinsk, Krasnoyarsk
Acquisition date and method: before 1904
Inventory No. МКМ А ОФ-8527

409. 环形器
青铜，铸造。直径 67 毫米
发现地点：克拉斯诺亚尔斯克边疆区，米努辛斯克地区，伊济赫山
入馆时间及方式：1904 年之前入馆
编号：МКМ А ОФ-8542

409. Украшение
Бронза, литье. Диаметр 67мм
Место, дата и автор находки: Енисейская губерния, Минусинский уезд, гора Изых. Поступил до 1904 г.
Инвентарный номер: МКМ А ОФ-8542
409. Annular object
Bronze, cast, diameter 67mm
Findspot: Izykh Mountain, Minusinsk, Krasnoyarsk
Acquisition date and method: before 1904
Inventory No. МКМ А ОФ-8542

410. 带扣
青铜，铸造。60 × 55 毫米
发现地点：克拉斯诺亚尔斯克边疆区，米努辛斯克地区
入馆时间及方式：1904 年之前入馆
编号：МКМ А ОФ-8366

410. Пряжка
Бронза, литье. 60×55 мм
Место, дата и автор находки: Енисейская губерния, Минусинский уезд. Поступил до 1904 г.
Инвентарный номер: МКМ А ОФ-8366
410. Belt buckle
Bronze, cast, 60×55mm
Findspot: Minusinsk, Krasnoyarsk
Acquisition date and method: before 1904
Inventory No. МКМ А ОФ-8366

411. 带扣
青铜，铸造。94 × 84 毫米
发现地点：克拉斯诺亚尔斯克边疆区，米努辛斯克地区，伊济赫山
入馆时间及方式：1904 年之前入馆
编号：МКМ А ОФ-8399
411. Пряжка

Бронза, литье. 94×84 мм

Место, дата и автор находки: Енисейская губерния, Минусинский уезд, гора Изых. Поступил до 1904 г.

Инвентарный номер: МКМ А ОФ-8399

411. Belt buckle

Bronze, cast, 94×84mm

Findspot: Izykh Mountain, Minusinsk, Krasnoyarsk

Acquisition date and method: before 1904

Inventory No. MKM A ОФ-8399

412. 带扣

青铜，铸造。74×65毫米

发现地点：克拉斯诺亚尔斯克边疆区，米努辛斯克地区，伊济赫山

入馆时间及方式：1904年之前入馆

编号：MKM A ОФ-8400

412. Пряжка

Бронза, литье. 74×65 мм

Место, дата и автор находки: Енисейская губерния, Минусинский уезд, гора Изых. Поступил до 1904 г.

Инвентарный номер: МКМ А ОФ-8400

412. Belt buckle

Bronze, cast, 74×65mm

Findspot: Izykh Mountain, Minusinsk, Krasnoyarsk

Acquisition date and method: before 1904

Inventory No. MKM A ОФ-8400

413. 带扣

青铜，铸造。36×61毫米

发现地点：克拉斯诺亚尔斯克边疆区，米努辛斯克地区，舒申斯克区，卡赞采夫村

入馆时间及方式：1928年之前入馆

编号：MKM A ОФ-8345

413. Пряжка

Бронза, литье. 36×61 мм

Место, дата и автор находки: Енисейская губерния, Минусинский уезд, Шушенская волость, с. Казанцевское. Поступил до 1928 г.

Инвентарный номер: МКМ А ОФ-8345

413. Belt buckle

Bronze, cast, 36×61mm

Findspot: Kazancevskoe, Shushenskaya, Minusinsk, Krasnoyarsk

Acquisition date and method: before 1928

Inventory No. MKM A ОФ-8345

414. 带扣

青铜，铸造。61×35毫米

发现地点：克拉斯诺亚尔斯克边疆区，米努辛斯克周边，塔什特普斯卡亚州，塔什特普村

入馆时间及方式：1928年之前入馆

编号：MKM A ОФ-8344

414. Пряжка

Бронза, литье. 61×35 мм

Место, дата и автор находки: Енисейская губерния, Минусинский уезд, Таштыпская волость, с. Таштып. Поступил до 1928 г.

Инвентарный номер: МКМ А ОФ-8344

414. Belt buckle

Bronze, cast, 61×35mm

Findspot: Tashtyp, Tashtypskaya, Minusinsk, Krasnoyarsk

Acquisition date and method: before 1928

Inventory No. MKM A ОФ-8344

415. 带扣

青铜，铸造。50×39毫米

发现地点：克拉斯诺亚尔斯克边疆区，米努辛斯克地区，伊乌金斯卡亚州，伊乌金纳村

入馆时间及方式：1928年之前入馆

编号：MKM A ОФ-8347

415. Пряжка

Бронза, литье. 50×39 мм

Место, дата и автор находки: Енисейская губерния, Минусинский уезд, Иудинская волость, д. Иудина. Поступил до 1928 г.

Инвентарный номер: МКМ А ОФ-8347

415. Belt buckle

Bronze, cast, 50×39mm

Findspot: Iudina, Iudinskaya, Minusinsk, Krasnoyarsk

Acquisition date and method: before 1928

Inventory No. MKM A ОФ-8347

416. 带扣

青铜，铸造。56×40毫米

发现地点：克拉斯诺亚尔斯克边疆区，米努辛斯克地区，科姆斯卡亚州，安纳什村

入馆时间及方式：1928年之前入馆

编号：MKM A ОФ-8346

416. Пряжка

Бронза, литье. 56×40 мм

Место, дата и автор находки: Енисейская губерния, Минусинский уезд, Комская волость, с. Анаш. Поступил до 1928 г.

Инвентарный номер: МКМ А ОФ-8346

416. Belt buckle

Bronze, cast, 56×40mm

Findspot: Anash, Komskaya, Minusinsk, Krasnoyarsk

Acquisition date and method: before 1928

Inventory No. MKM A ОФ-8346

417. 带扣

青铜，锻造。61×32毫米

发现地点：克拉斯诺亚尔斯克边疆区，米努辛斯克地区，别伊斯卡亚州，别伊村

入馆时间及方式：1928年之前入馆

编号：MKM A ОФ-8352

417. Пряжка

Бронза, литье. 61×32 мм

Место, дата и автор находки: Енисейская губерния, Минусинский

уезд, Бейская волость, с. Бейское. Поступил до 1928 г.

Инвентарный номер: МКМ А ОФ-8352

417. Belt buckle

Bronze, cast, 61×32mm

Findspot: Beyskoe, Beyskaya, Minusinsk, Krasnoyarsk

Acquisition date and method: before 1928

Inventory No. МКМ А ОФ-8352

418. 带扣

青铜，锻造。59 × 49 毫米

发现地点：克拉斯诺亚尔斯克边疆区，米努辛斯克地区，科切尔金区，马拉亚–因尼亚村

入馆时间及方式：1928 年之前入馆

编号：МКМ А ОФ-8354

418. Пряжка

Бронза, литье. 59×49 мм

Место, дата и автор находки: Енисейская губерния, Минусинский уезд, Кочергинская волость, д. Малая Иня. Поступил до 1928 г.

Инвентарный номер: МКМ А ОФ-8354

418. Belt buckle

Bronze, cast, 56×40mm

Findspot: Malaya-Inya, Kocherginskaya, Minusinsk, Krasnoyarsk

Acquisition date and method: before 1928

Inventory No. МКМ А ОФ-8354

419. 带扣

青铜，锻造。80 × 64 毫米

发现地点：克拉斯诺亚尔斯克边疆区，米努辛斯克地区，阿斯克兹区，阿斯克兹斯科耶村

入馆时间及方式：1904 年之前入馆

编号：МКМ А ОФ-9098

419. Пряжка

Бронза, литье. 80×64мм

Место, дата и автор находки: Енисейская губерния, Минусинский уезд, Аскызская волость, с. Аскызское (Аскизское). Поступил до 1904 г.

Инвентарный номер: МКМ А ОФ-9098

419. Belt buckle

Bronze, cast, 80×64mm

Findspot: Beyskoe, Askizskoye(formerly Askyzskoye), Minusinsk, Krasnoyarsk

Acquisition date and method: before 1904

Inventory No. МКМ А ОФ-9098

420. 镜

青铜，铸造。直径 109 毫米

发现地点：克拉斯诺亚尔斯克边疆区，米努辛斯克地区，别罗亚勒斯卡亚州，别罗亚勒斯科耶村

入馆时间及方式：1904 年之前入馆

编号：МКМ А ОФ-4647

420. Зеркало

Бронза, литье. Диаметр 109 мм

Место, дата и автор находки: Енисейская губерния, Минусинский уезд, Белоярская волость, Белоярское с. Поступил до 1904 г.

Инвентарный номер: МКМ А ОФ-4647

420. Mirror

Bronze, cast, diameter 109 mm

Findspot: Beloyarskoye, Beloyarskaya, Minusinsk, Krasnoyarsk

Acquisition date and method: before 1904

Inventory No. МКМ А ОФ-4647

421. 镜

青铜，铸造。直径 109 毫米

发现地点：克拉斯诺亚尔斯克边疆区，米努辛斯克周边的窖藏

入馆时间及方式：1928 年入馆

编号：МКМ А ОФ-9742/6

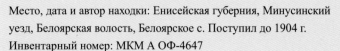

421. Зеркало

Бронза, литье. Диаметр 109 мм

Место, дата и автор находки: Клад предметов в Минусинском округе. Поступил в 1928 г.

Инвентарный номер: МКМ А ОФ-9742/6

421. Mirror

Bronze, cast, diameter 109mm

Findspot: A storage pit, Minusinsk, Krasnoyarsk

Acquisition date and method: 1928

Inventory No. МКМ А ОФ-9742/6

422. 镜

青铜，铸造。直径 124 毫米

发现地点：克拉斯诺亚尔斯克边疆区，米努辛斯克地区，科切尔金斯卡亚州，胡东诺戈瓦村

入馆时间及方式：1904 年入馆

编号：МКМ А ОФ-4654

422. Зеркало

Бронза, литье. Диаметр 124 мм

Место, дата и автор находки: Енисейская губерния, Минусинский уезд, Кочергинская волость, д. Худоногова. Поступил до 1904 г.

Инвентарный номер: МКМ А ОФ-4654

422. Mirror

Bronze, cast, diameter 124mm

Findspot: Khudonogova, Kocherginskaya, Minusinsk, Krasnoyarsk

Acquisition date and method: 1904

Inventory No. МКМ А ОФ-4654

423. 镜

青铜，铸造。直径 115 毫米

发现地点：克拉斯诺亚尔斯克边疆区，米努辛斯克周边的窖藏

入馆时间及方式：1928 年入馆

编号：МКМ А ОФ-9742/49

423. Зеркало

Бронза, литье. Диаметр 115 мм

Место, дата и автор находки: Клад предметов в Минусинском

округе. Поступил в 1928 г.

Инвентарный номер: МКМ А ОФ-9742/49

423. Mirror

Bronze, cast, diameter 115mm

Findspot: Minusinsk, Krasnoyarsk

Acquisition date and method: 1928

Inventory No. МКМ А ОФ-9742/49

424. 杆头饰

青铜，铸造。163×81 毫米

发现地点：克拉斯诺亚尔斯克边疆区，阿钦斯克
周边，库祖尔巴村

入馆时间及方式：1904 年入馆

编号：МКМ А ОФ-9288

424.Навершие

Бронза, литье. 163×81 мм

Место, дата и автор находки: Енисейская губерния, Ачинский
округ, с. Кузурба. Поступил до 1904 г.

Инвентарный номер: МКМ А ОФ-9288

424. Staff finial

Bronze, cast, 163×81mm

Findspot: Kuzurba, Achinskiy, Minusinsk, Krasnoyarsk

Acquisition date and method: 1904

Inventory No. МКМ А ОФ-9288

425. 带饰

青铜，铸造。50×12 毫米

发现地点：克拉斯诺亚尔斯克边疆区，米努辛斯
克周边

入馆时间及方式：1917 年入馆

编号：МКМ А ОФ-9742/40

425. Привеска (наконечник ременной)

Бронза, литье. 50×12 мм

Место, дата и автор находки: Енисейская губерния, Минусинский
уезд. Поступил до 1917 г.

Инвентарный номер: МКМ А ОФ-9742/40

425. Belt decoration

Bronze, cast, 50×12mm

Findspot: Minusinsk, Krasnoyarsk

Acquisition date and method: 1917

Inventory No. МКМ А ОФ-9742/40

426. 带饰

青铜，铸造。133×65 毫米

发现地点：克拉斯诺亚尔斯克边疆区，米努辛斯
克地区，科切尔金区，马拉亚 – 因尼亚村

入馆时间及方式：1917 年之前入馆

编号：МКМ А ОФ-6841

426. Привеска (наконечник ременной)

Бронза, литье. 133×65 мм

Место, дата и автор находки: Енисейская губерния, Минусинский
уезд, Кочергинская волость, Малая Иня д. Поступил до 1917 г.

Инвентарный номер: МКМ А ОФ-6841

426. Belt decoration

Bronze, cast, 133×65шш

Findspot: Malaya-Inya, Kocherginskaya, Minusinsk, Krasnoyarsk

Acquisition date and method: before 1917

Inventory No. МКМ А ОФ-6841

427. 节约

青铜，铸造。50×48 毫米

发现地点：克拉斯诺亚尔斯克边疆区，米努辛斯
克周边

入馆时间及方式：1917 年入馆

编号：МКМ А ОФ-9742/15

427. Обойма

Бронза, литье. 50×48 мм

Место, дата и автор находки: Енисейская губерния, Минусинский
уезд. Поступил до 1917 г.

Инвентарный номер: МКМ А ОФ-9742/15

427. Strip guides for a horse bridle

Bronze, cast, 50×48mm

Findspot: Minusinsk, Krasnoyarsk

Acquisition date and method: 1917

Inventory No. МКМ А ОФ-9742/15